Peter Michel und Anna Röcker
Christus
Das Licht der Welt

Peter Michel und Anna Röcker

Christus
Das Licht der Welt

Die verborgenen Geheimnisse
der christlichen Mystik

Aquamarin Verlag

Originalausgabe
1. Auflage 2019
© Aquamarin Verlag GmbH
Voglherd 1
85567 Grafing
www.aquamarin-verlag.de

Umschlaggestaltung: Annette Wagner

Druck: CPI • Birkach

ISBN 978-3-89427-840-3

Inhalt

Vorwort

Die Geschichte dieses Buches begann vor etwa zwanzig Jahren, als ich Peter Michel zum ersten Mal in Frankfurt auf der Buchmesse begegnete. Schon damals fassten wir den Entschluss, dieses Buch zu schreiben. Offensichtlich hat es eine lange Reifezeit gebraucht, bis es verwirklicht werden konnte.

Aus unterschiedlichen Richtungen kommend, verbindet uns die Liebe zum Christentum und der Wunsch, Leserinnen und Lesern diese große Weisheitslehre aus unserer Sicht näherzubringen. Sie werden bei den jeweiligen Kapiteln einen Hinweis finden, wer von uns beiden es geschrieben hat.

Der erste Teil des Buches wirft einen Blick auf herausragende Gestalten aus der Geschichte des Christentums und auf die Erkenntnisse und Botschaften, die sie uns hinterlassen haben. Im zweiten Teil geht es um ausgewählte Themen aus dem Bereich „Kosmisches Christentum". Peter Michel wird Sie dabei auch mit dem Begriff des „Kosmischen Christentums" vertraut machen.

Im dritten Teil, der mit „Mystik im Alltag" überschrieben ist, geht es um die persönliche Erfahrung der christlichen Botschaft. Wir müssen dieses „Licht der Welt" erfahren und uns von ihm erfüllen lassen, damit es in uns wirken kann. Unser reiches christliches Erbe stellt dabei einen unschätzbaren Wert dar. Gebete, Meditation, Rituale und Festtage gehören ebenso dazu wie die Botschaften, die uns die Mystikerinnen und Mystiker hinterlassen haben. Wir würden uns wünschen, dass viele Menschen, die sich aufgrund ihrer Kritik an der Kirche vom

Christentum abgewendet haben, gerade durch die Beschäftigung mit der Mystik wieder einen Weg zu diesen Schätzen finden.

Bereichert werden diese „Wegbeschreibungen nach Innen" durch das Wissen, das uns aus östlichen Übungswegen überliefert ist. Vor vielen Jahren wurde mir in einem Interview für eine Christliche Frauenbund-Zeitschrift die Frage gestellt, ob man eine christliche Grundeinstellung mit Yoga vereinbaren könne. Nach kurzem Nachdenken antwortete ich, dass uns die Yoga-Lehre praktische und für jeden umsetzbare Wege aufzeigt, wie wir mit „Leib und Seele" die Botschaft Christi im eigenen Leben verwirklichen können. Damit konnte ich die Frage klar mit Ja beantworten. Jetzt, fast dreißig Jahre nach diesem Interview, kann ich sagen, dass man diese Frage sicherlich differenzierter beantworten müsste, aber grundsätzlich kann die Weisheit des Yoga die eigene spirituelle Praxis vertiefen und – wie in meinem Fall – die christlichen Wurzeln stärken.

Wie wichtig es ist, dass wir Zugang finden zu unserem inneren Wesen, zu der inneren Quelle der Lebenskraft, zeigt mir seit vielen Jahren meine Arbeit als Therapeutin.

Die Übungen, die Sie in diesem Teil finden, haben sich in meiner therapeutischen Arbeit sowie in meiner langjährigen Tätigkeit als Yoga-Lehrerin bewährt. Sie sollen dazu führen, dass die große Kraft der christlichen Botschaft Ihnen, in Ihrer ganz persönlichen Form, spürbar wird.

Wenn die Christus-Erfahrung zu einer inneren Wirklichkeit wird, entfaltet sie ein ungeahntes Potenzial, vermittelt Hoffnung und Trost, stärkt das Selbstvertrauen und den Mut, sich ganz auf das Leben einzulassen, und letztlich auch auf das Sterben.

Wir wünschen Ihnen viel Freude auf dieser Entdeckungsreise, die Sie einerseits durch 2000 Jahre Geschichte führt und andererseits immer wieder in Ihr eigenes Herz.

(ar)

Einleitung

Seit das Christentum im 4. Jahrhundert zur Staatsreligion erhoben wurde, haben sich Theologen und Historiker ohne Zahl bemüht, das Leben des Jesus von Nazareth aus dem Dunkel der Geschichte ans Licht zu holen. Wenn man jene Publikationen sichtet, dann war dieses Unterfangen nicht wirklich von Erfolg gekrönt. Wer will auch zweitausend Jahre später noch belegen, ob ein Text von Flavius Josephus korrekt ist oder vielleicht doch spätere Einschübe enthält. Ein äußerst mühsames Unterfangen, das zudem in der Regel nur den Beifall oder die Ablehnung einer kleinen akademischen Gemeinde finden wird.

Hält man sich dieses Dilemma vor Augen, das mit nahezu allen Geschehnissen verbunden ist, die sich in vergangenen Jahrtausenden abgespielt haben, dann drängt sich der berühmte Ausspruch des Angelus Silesius aus seinem „Cherubinischen Wandersmann" geradezu auf:

„Und wäre Jesus tausendmal in Bethlehem geboren
und nicht in dir: Du bliebest doch in alle Ewigkeit verloren."

Diese tiefsinnigen Worte weisen auf den entscheidenden Punkt hin, um den es bei der Beschäftigung mit einem mystischen oder spirituellen Christentum geht – die innere Erfahrung! Daher wird in unseren Ausführungen nicht oder nur ganz am Rande der historische Jesus der Forschung eine Rolle spielen, sondern vielmehr der „Komische

Christus". Jenes Wesen einer inneren Wirklichkeit, das nicht in den Mauern Jerusalems oder am Ufer des Jordan gefunden werden kann, das aber im Gebet oder in der Meditation in das Herz eines Gottliebenden eintreten kann. Das nannten frühere Mystiker die „Gottesgeburt in der Seele"; während heute eher von Erleuchtung oder von innerem Erwachen gesprochen wird. Festzuhalten bleibt bereits an dieser Stelle, dass jene innere Erfahrung oder Begegnung immer ein GESCHENK ist.

Die heutige abendländische Spiritualität ist in einem erheblichen Maße von östlichen religiösen Traditionen beeinflusst. Yoga oder ZEN-Buddhismus sind längst in das christliche Innenleben eingezogen, was uns als Autoren nur allzu bekannt ist. Seltsamerweise hat der interreligiöse Dialog bei vielen Menschen nicht zu einer neuen Ganzheitlichkeit geführt, sondern zu neuen Grenzen. Europäer oder Amerikaner, die sich zum Yoga oder zum Vajrayana hingezogen fühlen, nicht selten aus einer persönlichen konfliktbeladenen ‚christlichen Geschichte' heraus, verwechseln christliche Dogmatik mit Christentum – und lehnen alles „Christliche" ab. Eine ebenso verständliche wie bedauerliche Entwicklung.

Wir wollen nachfolgend Wege beschreiten, die diese Grenzen, als menschengemachte Begrenzungen, hinter sich lassen möchten. Es geht uns um ein Christentum, das zwar aus der Erde erwächst, aber von ihr nicht begrenzt wird. Das ungeheure Universum, das uns Quanten- und Astrophysik in den vergangenen hundert Jahren enthüllt haben, ist nicht leer von GEIST. Die mystische Erfahrung hat – in allen spirituellen Traditionen – immer wieder glaubhaft nachgewiesen, dass wir uns „in Gott bewegen, leben und unser SEIN haben". Wobei für uns dieser Satz auch dann Bestand hat, wenn ein Buddhist das Wort „Gott" durch den Ausdruck „das klare Licht des Geistes" ersetzen würde. Es geht ausschließlich um eine Erfahrung einer höheren Wirklichkeit, die inhaltlich zu füllen kommenden Generationen von Mystikern und Sehern vorbehalten bleiben wird. Ein ‚erleuchteter' Erdenbewohner bleibt doch ein inkarnierter Mensch. Welche unbeschreibliche Herrlichkeiten seiner noch warten, wird er nicht einmal erahnen können. Wer ‚erwacht' zu sein behauptet – falls er dies überhaupt öffentlich äußert – und nicht zugleich demütig im Angesicht der Unendlichkeit das Haupt senkt, der kann nicht erwacht sein.

Dieses Buch soll Zeugnis ablegen für jene wunderbaren Seelen, die Pioniere auf diesem Weg waren, und zugleich Inspiration und Ermutigung schenken, selbst den „pfadlosen Pfad" zu beschreiten, um jene WIRKLICHKEIT zu erschauen, die sich im ureigensten inneren Erleben zeigt. Niemand erfährt dieselbe Wirklichkeit; aber wer sie erfahren hat, kann mit anderen, die sie ebenfalls erfahren haben, darüber sprechen. Andere können im Lauschen ein Ahnen davon erhalten. Daher stimmen wir Karl Rahners berühmten Ausspruch uneingeschränkt zu, dass das kommende Christentum ein mystisches sein wird. Es gibt viel Hoffnung auf dieses kommende mystische Christentum, weil es bereits eines in der Vergangenheit gab.

Wie dieses vergangene aussah, wollen wir zu zeigen versuchen, und wie sich das kommende verwirklichen lässt – ebenso.

(pm)

Teil I

Geschichte

1

Erinnerungen an Jesus von Nazareth

Es vergingen Jahrzehnte, ehe die Evangelien verfasst wurden, welche die „Geschichte Jesu" überliefern sollten. Das älteste, das Markus-Evangelium, wurde um das Jahr 65 geschrieben. Matthäus folgte nach dem Jahr 70 und Lukas etwa fünfzehn Jahre später. Sie alle wiesen eine eher jüdische Grundausrichtung auf, während das noch später abgefasste Johannes-Evangelium bereits vom griechischen Denken und von der antiken „Logos-Vorstellung" durchdrungen war. Daher unterschied man bereits in der Frühzeit des Christentums zwischen einem „Judenchristentum" und dem sogenannten „Paulinismus", da Paulus von der antiken Philosophie geprägt war.

Die Jünger hatten gehofft, zu ihren Lebzeiten das Kommen des „Reiches Gottes" zu erleben, theologisch gesprochen – die Parusie. Doch diese Hoffnungen zerstoben spätestens mit dem Tod des letzten Augenzeugen von Kreuzigung und Auferstehung. Die junge Christengemeinde musste umdenken. Sie war gezwungen, ihrem Glauben einen Rahmen zu geben – der Anfang von Theologie und Dogmatik!

In den ersten beiden Jahrhunderten gab es natürlich keine ‚dogmatisch verbindliche' Auffassung darüber, wer dieser Jesus von Nazareth gewesen war. Anfänglich hielten ihn viele einfach für einen großen Lehrer, andere für einen Engelsboten aus einer himmlischen Sphäre. Doch damit wäre es für die Christen schwierig geworden, die „Einzigartigkeit" ihres Meisters in einer Umwelt aufrechtzuerhalten, in der es eine Reihe von „Gottesboten" unterschiedlichster Ausprägungen gab. So begann allmählich eine Diskussion, die in der Streitigkeit zwischen Arius und Athanasius gipfelte, ob Jesus von Nazareth, der Christus, möglicherweise „gottgleich" sei – die berühmte „Homoousie-Debatte". Auf dem Konzil von Nicäa behielt die Partei des Athanasius die Oberhand – und Jesus Christus wurde zur zweiten Person der Trinität. Dies ist er aus Sicht der Theologen noch heute.

Historisch sind die Fragen nach der Rechtmäßigkeit oder Wahrhaftigkeit dieser Anschauungen und Überlieferungen nicht zu beantworten. Es lassen sich nur die einzelnen Etappen theologischer Festlegungen herausarbeiten. Dogmen eignen von ihrem Wesen her die Eigenschaft zu, dass sie genau formuliert und dadurch meistens gut überliefert wurden – unabhängig von ihrer inneren Logik oder historischen Wahrscheinlichkeit. Wer sich genauer damit befassen will, dem sei die noch immer lesenswerte, längst berühmt gewordene „Geschichte der Leben-Jesu-Forschung" von Albert Schweitzer (1875-1965) empfohlen. Allerdings stellt es eine gewisse Geduldsprobe dar, die endlosen Windungen von Kritik und Gegenkritik, von Beweis und Gegenbeweis nachzuvollziehen. Ob man durch theologische Studien der historischen Figur des Jesus von Nazareth näher kommt, wage ich zu bezweifeln. Dem „Kosmischen Christus" wird man auf diesem Pfad nur schwerlich begegnen!

Wir werden nachfolgend versuchen, über die Wege der Mystik und über persönliche Rückerinnerungen sowohl die historische als auch die mystische Wirklichkeit des Christentums herauszuarbeiten. Es gibt die klassische mystische Tradition, wie sie etwa Jakob Böhme oder teilweise Teilhard de Chardin verkörpern, es gibt die „mediale" Rückschau oder Inspiration, wie sie in Personen wie Anna Katharina Emmerich (1774-1824) oder Jakob Lorber (1800-1864) zum Ausdruck kommt, und es gibt die persönlichen Rückerinnerungen, auf die Menschen zurückgreifen können, die von sich behaupten, den historischen

Jesus im damaligen Palästina getroffen zu haben, wie die amerikanische Mystikerin Flower A. Newhouse (1909-1994) oder die „graue Eminenz" der englischen esoterischen Tradition, Wellesley Tudor Pole (1884-1968). Wobei es schon an dieser Stelle festzuhalten gilt, wie nahezu deckungsgleich das bewegende Bild ist, das Newhouse und Pole von den Ereignissen vor mehr als zweitausend Jahren zeichnen.

Wenn wir von „Erinnerungen an Jesus von Nazareth" sprechen, dann sollte hier vielleicht eines dieser persönlichen Erlebnisse wiedergegeben werden, wie es Pole in seinem gleichnamigen Buch veröffentlicht hat: „Ein unvergesslicher Eindruck von Jesus kehrt zu mir zurück. Er ist achtzehn Jahre alt und trägt bereits einen leichten Bart. Als er an den Ufern des Jordan (in jenen Tagen ein größerer und tieferer Fluss) umherstreift, entdeckt er einen jungen Hasen, der verwundet am gegenüberliegenden Ufer liegt. Ich beobachte ihn, wie er entblößt, gelassen und aufrecht da steht, bereit, ins Wasser zu springen und den Fluss zu überqueren, um ihm zu Hilfe zu eilen. Die lebenssprühende und energievolle Gestalt im Sonnenlicht gleicht eher einem jungen griechischen Gott als dem Sohn jüdischer Eltern aus der Provinz, die dem Mittelstand angehören. Er nimmt das verwundete Tier in seine Arme. Fast augenblicklich ist die Verletzung geheilt, und der Hase springt voller Freude über die wiedergewonnene Freiheit davon. In diesem Augenblick bemerke ich die helle, magnetische Aura, die die Hände Jesu umgibt, eine Eigenschaft, die ihm während seines Wirkens in den folgenden Jahren von Nutzen sein wird. Bei einer späteren Gelegenheit war es mir möglich, die Heilkraft aus seinen Augen strömen zu sehen."

Natürlich ist das nicht überprüfbar. Natürlich gibt es keinen historischen Beleg für diese Episode. Natürlich muss man Pole für die Echtheit dieser Erzählung einen „Glaubensvorschuss" geben. Und natürlich sind *wir* in diesem Buch bereit, jenen Autorinnen und Autoren, die wir anführen, diesen Glaubensvorschuss einzuräumen.

Wir werden am Ende unserer Reise durch zwei Jahrtausende mystisches Christentum feststellen müssen, dass nicht alle Erfahrungen, Visionen oder Botschaften deckungsgleich sind. Kann das verwundern? Wir versuchen, anhand der Werke und Überlieferungen und in wenigen Fällen anhand persönlicher Eindrücke, das Leben eines Menschen nachzuzeichnen, der vor zwanzig Jahrhunderten gelebt und die Geschichte der Menschheit auf einzigartige Weise inspiriert hat. Schon wenn wir ins 16. Jahrhundert zurückgehen oder etwa in die Zeit des Franziskus, wird die Quellenlage sehr viel dürftiger als es etwa bei Goethe oder Schiller der Fall ist; und vielleicht darf an dieser Stelle als gleichsam historische Fußnote erwähnt werden, dass noch immer trefflich darüber gestritten wird, wer die Werke Shakespeares geschrieben hat!

Die „Wahrheit" über Jesus Christus lässt sich nur im eigenen Herzen finden. Wem die „Wahrheit" eines Jakob Böhme, einer Flower A. Newhouse oder eines Wellesley Tudor Pole nicht in seinem tiefsten Inneren aufschimmert, der wird sie nicht erfassen – selbst wenn sie im vollsten Sinne historisch oder geistig „wahr" ist! Nur der Mystiker wird den Mystiker verstehen, nur der Erwachte den Erwachten. Mystik ähnelt in dieser Hinsicht der Lyrik. Um ein vollendetes Gedicht zu verstehen, bedarf es eines ganz bestimmten „Einschwingens" auf den Geist des Gedichtes. Poesie bedeutet Eingestimmtsein. Daher kann das berühmte „Liebeslied" des vielleicht mystischsten aller Dichter, Rainer Maria Rilke, auch auf das Mysterium der Liebe zum Göttlichen bezogen werden.

Liebes-Lied

Wie soll ich meine Seele halten, dass
sie nicht an deine rührt? Wie soll ich sie
hinheben über dich zu andern Dingen?
Ach gerne möcht ich sie bei irgendwas
Verlorenem im Dunkel unterbringen
an einer fremden stillen Stelle, die
nicht weiterschwingt, wenn deine Tiefen schwingen.
Doch alles, was uns anrührt, dich und mich,
nimmt uns zusammen wie ein Bogenstrich,
der aus zwei Saiten eine Stimme zieht.
Auf welches Instrument sind wir gespannt?
Und welcher Geiger hat uns in der Hand?
O süßes Lied.

Darum hoffen wir, dass dieses Buch mit dem Herzen gelesen wird,
denn so wurde es geschrieben. Mit dem Verstand kann man zwar die
Worte erfassen, nicht aber seine wirkliche Botschaft. Diese schwingt
jenseits der Worte.

(pm)

2

Clemens und Origenes – Freies Denken in Alexandria

Das bedeutendste spirituelle Zentrum der alten Welt war in den ersten Jahrhunderten nach der Zeitenwende nicht Athen, nicht Rom, nicht Jerusalem – sondern Alexandria. Vor allem die legendäre Bibliothek dürfte ein machtvoller Anziehungspunkt für die klügsten Köpfe der damaligen Zeit gewesen sein, bis sie – wahrscheinlich im 3. Jahrhundert – der Zerstörung anheimfiel.

Aus christlicher Sicht trat um das Jahr 180 als erster bedeutender Lehrer der aus Sizilien stammende Pantänus auf. Ihm folgte als weitaus einflussreichere Persönlichkeit Clemens nach. Wobei Pantänus nicht als sein direkter Lehrer und Vorgänger anzusehen ist, sondern beide lehrten wohl nebeneinander in Alexandria.

In einer vom griechischen Denken geprägten Familie wurde Clemens wahrscheinlich um das Jahr 150 in Athen geboren. Nach ausgedehnten Reisen im Mittelmeerraum ließ er sich als Lehrer und Autor in Alexandria nieder, das er aber Anfang des dritten Jahrhunderts, bedingt durch die Christenverfolgung unter Septimus Severus, in Richtung Kleinasien verließ, wo er vermutlich vor dem Jahr 215 verstarb.

Clemens war hochgebildet und bestens vertraut mit der griechischen Philosophie und der klassischen Literatur der Antike. Man darf nie vergessen, dass die „Bildungslektüre" der ersten christlichen Jahrhunderte natürlich weitgehend aus Werken der griechischen Philosophen bestand. Von daher mutet es seltsam an, wenn die christliche Dogmatik gerade den alten Kirchenvätern, die ja viel näher an den Ursprüngen ihrer eigenen Überlieferung waren, Jahrhunderte später schwere „Glaubensirrtümer" vorwarf. Möglicherweise ist es gerade umgekehrt!

Alexandria war ein Schmelztiegel der Kulturen. Daher besaßen die frühen Kirchenväter durchaus Kenntnis der asiatischen Traditionen oder der griechischen Mysterienkulte, wie die Lektüre von Clemens' Hauptwerk „Stromata" (Teppiche) belegt (etwa Buch 1, Kap. XV, 68). Es kann daher nicht verwundern, dass Clemens und später Origenes deutlich unterschieden zwischen dem Glauben der einfachen Bevölkerung und der „Gnosis" der Wissenden. Wobei ihre „Gnosis" eine christliche war, die sich durchaus von späteren als „Gnostiker" bezeichneten Gruppierungen unterschied. Es war eher etwas, was man heute als Wissen eines „Eingeweihten" oder „Erwachten" bezeichnen würde.

Für Clemens gab es keinen Zweifel, dass dieses Erwachen, diese Rückkehr zur Göttlichen Quelle, jedem möglich war, worin er sich wohltuend von der späteren Erbsündenlehre eines Augustinus unterschied. „Gott ruft jeden, der sich aus freiem Willen vorgenommen hat, durch Übung und Belehrung die Erkenntnis der Wahrheit zu erlangen, zur Sohnschaft, zur höchsten Entwicklungsstufe, die es gibt." (Teppiche, Buch 1, Kap. XVI, 75)

Clemens denkt sein Christentum ausdrücklich von der platonischen Philosophie her und zitiert an zahllosen Stellen aus den Werken Platons. „Wenn eine Seele über die irdische Schöpfung emporgestiegen und für sich allein ist und mit den Urbildern verkehrt, so wie es bei dem im „Theaitetos" geschilderten „obersten Führer" der Fall ist, dann ist er bereits gleichsam zu einem Engel geworden und wird mit Christus zusammen sein, einer, der zu schauen imstande ist, der seinen Blick immer auf den Willen Gottes richtet." (Teppiche, 4. Buch, Kap. XXV, 2)

Es ist bewegend, wenn man sich die blutige Geschichte des Christentums in den 1800 Jahren nach Abfassung dieses Werkes vor Augen hält, zu lesen, welche spirituelle Größe und vor allem welche spirituelle Offenheit an der alexandrinischen Schule geherrscht haben müssen. Wären ihre Lehren doch prägend für die kommende Entwicklung der christlichen Lehre geblieben.

Origenes wurde um das Jahr 185 in Alexandria geboren. Interessant scheint mir die Namensgebung zu sein, die wörtlich „der von Horus Abstammende" bedeutet. Auch wenn es zur damaligen Zeit wohl nicht ungewöhnlich war, dass auch christlich ausgerichtete Eltern ihren Kindern von der ägyptischen Mythologie geprägte Namen gaben, dürfte der Bezug auf den ehrwürdigen „Himmelsgott" des Alten Reiches wohl nicht völlig unbedacht gewählt worden sein.

Die Bedeutung der Person und der Werke von Origenes kann überhaupt nicht hoch genug angesetzt werden. Für Jahrhunderte prägte er das christliche Denken, und trotz der zweifachen Verurteilung seiner Lehren im 6. Jahrhundert erlebt er gerade erneut eine Renaissance.

Origenes war, wie sein berühmter Zeitgenosse Plotin, Schüler der geheimnisvollsten Gestalt der damaligen Epoche – Ammonios Sakkas. Die These, es habe zeitgleich einen zweiten Mann namens Origenes gegeben, der als neuplatonischer Denker Schüler bei Ammonios war, erscheint mir wenig glaubhaft. Wir dürfen eher davon ausgehen, dass Ammonios zwei entscheidende Ströme abendländischer Spiritualität gleichzeitig maßgeblich initiiert hat: Den Neuplatonismus und ein mystisches Christentum. Von daher kann es nicht den geringsten Zweifel geben, in Origenes einen der Gründerväter des „christlichen Platonismus" zu sehen.

Origenes lehrte eine ursprünglich geistige Schöpfung. Die materielle Ebene war die Reaktion auf einen „Fall". Ohne den „Abfall der Seelen" hätte es niemals eine materielle Welt gegeben; die Seelen wären in der geistigen Welt verblieben. Dort hätten sie sich zu ihrer ursprünglich geplanten „Gottebenbildlichkeit" entwickeln sollen; wobei Origenes diese nicht als ein „Aufgehen in Gott" verstanden wissen wollte, sondern als ein „vergeistigtes Leben im SEIN Gottes".

Der „Abfall" war möglich geworden, weil die Geschöpfe einen vollkommen freien Willen besaßen – auch Origenes darf als Kronzeuge gegen Augustinus ins Feld geführt werden. In seinem Hauptwerk „Peri Archon" (Von den Prinzipien) spricht er sich zudem für den Reinkarnationsgedanken aus, was Generationen von christlichen Dogmatikern immer wieder – vergeblich – zu widerlegen versuchten. „Was Esau und Jakob betrifft, so findet man bei genauerem Studium der Schrift, dass keine Ungerechtigkeit ist bei Gott, so dass ehe sie geboren waren und etwas getan hatten – nämlich in diesem Leben – gesagt war, der Ältere sollte dem Jüngeren dienstbar sein; und man findet, dass es auch keine Ungerechtigkeit war, dass Jakob im Mutterleib seinen Bruder zu Fall brachte. Wir müssen nur annehmen, dass er auf Grund von Verdiensten eines früheren Lebens von Gott mit Recht geliebt wurde, so dass er auch nach Verdienst dem Bruder vorgezogen wurde." (II,9,7)

Mehrere Jahrhunderte lang muss also die Lehre von Reinkarnation und Karma im Christentum zumindest denkbar gewesen sein. Das änderte sich, als im Jahr 553 auf dem Konzil von Konstantinopel die Lehren des Origenes explizit verurteilt wurden. „Wenn einer die erdichtete Präexistenz der Seelen und ihre daraus folgende phantastische Wiederherstellung vertritt – so sei er im Bann." Insgesamt verabschiedete das Konzil damals fünfzehn Anathematismen gegen Origenes, deren verhängnisvolle Auswirkungen kaum überschätzt werden können. Von diesem Tag an gab es keine Möglichkeit mehr, die Reinkarnationslehre mit dem Christentum zu versöhnen; denn wenn vor der Geburt nichts „prä-existierte", konnte auch nichts „reinkarnieren". Diese verhängnisvolle Entscheidung hatte tiefgreifende Auswirkungen auf die christliche Jenseitslehre und machte es unmöglich, das Schicksal auf Erden sinnvoll zu erklären. Für alle Unglücke und Katastrophen, aber auch für alle Glücksfälle und geniale Begabungen blieb nur – der „unerforschliche göttliche Ratschluss".

Es dauerte fast anderthalb Jahrtausende, bis auch in den christlich geprägten Zivilisationen durch innere Erfahrungen, durch Nahtod-Erlebnisse und durch parapsychologische Untersuchungen eine Bresche in die versteinerte kirchliche Dogmatik geschlagen wurde und ein altes, urchristliches Wissen auch im Christentum wieder eine Heimat fand. Heute glaubt, nach letzten Umfragen, ein gutes Viertel aller Christen an Reinkarnation und Karma. Wo ständen die christlichen Kirchen heute, wenn sie nicht Augustinus und anderen gefolgt wären, sondern Clemens und Origenes!

(pm)

3

Wüstenväter und Wüstenmütter

„Geh in dein Kellion (deine Zelle, deine Höhle) und dein Kellion wird dich alles lehren." So beschreibt Evagrius Ponticus, einer der Wüstenväter, den Grundtenor der spirituellen Übungen.

Dabei waren die Gründe für diesen Rückzug in die Höhlen ursprünglich sehr vielfältig. Zunächst waren es wohl arme Bauern, die sich am Rand der Wüste ansiedelten, um sich der Verfolgung durch die römischen Steuerbehörden oder der römischen Wehrpflicht zu entziehen. Nach und nach siedelten sich im dritten und vierten Jahrhundert in diesen Randbezirken der bewohnten Welt immer häufiger frühe Christen an, um als Einsiedlermönche in lockeren Gemeinschaften dort zu leben. In gewisser Weise kann man sie als Begründer der klösterlichen Tradition sehen. In den überlieferten Schriften finden wir Hinweise, dass sich unter diesen sogenannten Wüstenvätern auch Wüstenmütter befanden, auch wenn diese in der Minderzahl waren. Offensichtlich waren sie allerdings so bedeutsam, dass man sie in diesen Schriftenkanon aufnahm.

Was auch immer diese Menschen, die sich aus unterschiedlichsten Gründen in die Wüste begaben, hier zu finden glaubten, sie mussten sich in jedem Fall mit den Widrigkeiten der All-Natur und der eigenen Natur auseinandersetzen. Letzteres war oft schwieriger als unerträgliche Kälte und Hitze, Hunger und Krankheit. Sollten heroische Vorstellungen vom mönchischen asketischen Leben sie geleitet haben, so dürften diese Größenphantasien schnell zunichte gemacht worden sein, das zumindest zeigen die überlieferten Mönchsworte. So heißt es in der *Apophthegmata Patrum*, einer quasi-kanonischen Schriftensammlung: „Wenn du in der Wüste weilst, bilde dir nicht ein, dass du etwas Großes tust, sondern halte dich vielmehr für einen Hund, den man von Menschen weggejagt und angebunden hat…" (Wüste als Ort der Wandlung, S. 31) Die Wüste war ein Ort der Herausforderung, der äußeren und inneren Gefahren. Aber gerade inmitten all dieser Gefahren konnten die Menschen eigene Erfahrungen machen, aus denen sie ihre Weisheit schöpften, die undogmatisch war und ein Auge für die Einzigartigkeit einer bestimmten Situation hatte, so schreibt Simon Peng-Keller… (Wüste als Ort der Wandlung, S. 49-59) Die oft überraschenden und meist unterschiedlichen Antworten, die Ratsuchende von den Wüstenvätern und -müttern bekamen, bestätigen dies eindrücklich. Wurde dem einen geraten, den inneren Dämonen sofort Einhalt zu gebieten, so wurden andere ermutigt, sich den Dämonen zu stellen, die Gedanken kommen zu lassen und sich dann mit ihnen auseinanderzusetzen. Es kam eben auf den Menschen, auf seine Verfassung, auf sein Bewusstsein an, welche Antwort er bekam.

Die Weisheit der Wüstenväter kam nicht aus Bücherwissen, obwohl dieses bei einigen der Mönche durchaus vorhanden war. Ihre Weisheit kam in erster Linie aus der inneren Erfahrung. Sie waren nicht geflohen vor den inneren Ängsten, sondern hatten die Herausforderung angenommen, sich selbst auszuhalten und den Versuchungen in Form von bedrängenden Gedanken und Gefühlen zu widerstehen und damit vor sich selbst zu bestehen. Dafür war die Wüste der geeignete Ort.

Ihr letztliches Ziel, „ohne Zerstreuungen in der Gegenwart Gottes und vor Gott leben zu können", wie Gisbert Greshake schreibt, konnten sie offensichtlich nur erreichen, wenn sie auf ihrer Suche nach Gott bereit waren, auch sich selbst in der Tiefe zu begegnen. Das war

kein einfacher Weg und bedeutete sicher auch, Spannungen untereinander auszuhalten. Zum Teil praktizierten die Mönche auch exzes-
sive Formen der Askese oder begaben sich auf Irrwege und verzerrte
Formen der Gottesverehrung, ähnlich wie fanatische Gottessucher
anderer Kulturen.

Einen der Wüstenväter, Antonius Abbas (251-356 n.Chr.), hat der
Maler Matthias Grünewald auf seinem berühmten „Isenheimer Altar" verewigt. Er bezieht sich bei der Darstellung der Versuchung
des Wüstenvaters durch die Dämonen wohl auf die Schilderungen
in der sogenannten *Legenda Aurea*. Grünewald illustriert in realis-
tischer Weise, wie die Dämonen sich auf den Heiligen stürzen, ihn
quälen und bedrohen. Aber Antonius, der in der Mitte des Geschehens am Boden liegt, scheint geschützt zu sein. Seinen Gesichtsaus-
druck könnte man als gelassen oder auch vertrauensvoll deuten, seine
Hand umklammert ein Kreuz, das er sich von den Dämonen nicht
entreißen lässt. Es scheint, als hätten diese keine Macht über ihn, als
könnten sie ihn am Ende nicht besiegen.

Was kann man sich nun unter den inneren Dämonen vorstellen, denen Grünewald eine so erschreckende äußere Gestalt gegeben hat?

Evagrius Ponticus, der Theologe und Schriftsteller unter den Wüstenvätern, hat den Dämonen einen Namen gegeben. Als gebildeter
Kenner der griechischen Philosophie und der Lehren des Origenes
fiel Ponticus eher aus dem Rahmen. Er wurde um 345 in Ibora, in
der Provinz Pontos am Schwarzen Meer, geboren. Über Konstantinopel, wo er zum Diakon geweiht wurde, kam er nach Jerusalem und
gelangte schließlich um 385 als Einsiedlermönch in die ägyptische
Wüste, wo er 399 starb.

Als Intellektueller begann er, seine eigenen Beobachtungen und Erfahrungen und die seiner Mitbrüder zu systematisieren, zu ordnen

und zu deuten. Die Dämonen, die den Menschen in Form von Gefühlen und negativen Gedanken bedrängen, bezeichnete er als *Logismoi*. Dieser Begriff umfasst Gedanken und Gefühle, innere Bilder, Neigungen, Wünsche und Begierden, Laster oder eben auch Dämonen. Der Schweizer Jesuit Christian Rutishauser geht der Ursache für die Entstehung der *Logismoi* in einem Aufsatz über die Wüstenväter nach. (Wüste als Ort der Wandlung, S. 61-77) Danach entstehen diese „Dämonen", weil der Mensch als Individuum aus dem ursprünglichen Einssein ausgestoßen und allein in die Welt geworfen ist. Der Urtext der Schriften des Evagrius war ursprünglich auf dem Index der Kirche und wurde später in die Beschreibung der sieben Laster beziehungsweise Todsünden umgewandelt, was vermutlich nicht im Sinne des Verfassers gewesen ist.

Evagrius benannte die *Logismoi* im einzelnen und unterteilte sie in drei Gruppen:

- Essen, Völlerei, orale Abhängigkeit, Sucht
- Sexuelle Abhängigkeit (ständige Suche nach Erregung)
- Materielle Abhängigkeit, Gier, Geiz

- Zorn, Ärger, Wut
- Selbstmitleid
- Akedia: depressive Verstimmung, Überdruss, Ekel

- Ruhmsucht, Geltungssucht, Wunsch nach Ansehen
- Stolz, Arroganz, Selbstgerechtigkeit und Unglauben

Evagrius blieb allerdings nicht bei der „Diagnose" stehen, sondern gab allgemeine Ratschläge, wie man den acht Leidenschaften, den inneren „Dämonen", begegnen kann, wie man sie bezähmt und wie man wieder in die innere Ordnung gelangt, wenn sie einen zu überwältigen drohen. Für ihn ging es vor allem darum, mit diesen Herausforderungen in einer gesunden Weise umzugehen. Seine Empfehlungen sahen so aus:

- Der oralen, sexuellen und materiellen Abhängigkeit und allen Formen von Sucht muss man mit Askese begegnen, ihnen den Kampf ansagen, um sich aus den Abhängigkeiten befreien zu können. In meiner therapeutischen Tätigkeit bin ich dem Thema Sucht oft begegnet und weiß um die Wichtigkeit, den „Dämonen" Widerstand entgegenzusetzen mit einem klaren „jetzt nicht", wie es zum Beispiel die Anonymen Alkoholiker empfehlen.

- Für den Umgang mit den drei weiteren Leidenschaften (Zorn/ Wut, Selbstmitleid, Trägheit/depressive Verstimmung) empfiehlt Ponticus Geduld und Durchhaltevermögen. So sagt er zum Beispiel, dass man in der Stunde der Versuchung nicht nach mehr oder minder glaubhaften Vorwänden suchen sollte, um seine Zelle zu verlassen und sich abzulenken. Man sollte entschlossen dort bleiben und geduldig sein. Auch spricht er davon, dass es den Geist ungeschickt, feige und furchtsam macht, wenn man vor solchen Konflikten flieht.

- Der Umgang mit den Leidenschaften der letzten Gruppe (Ruhmsucht, Stolz, Selbstgerechtigkeit, Unglauben) ist vielleicht am schwierigsten. Hier angekommen, hat der Mensch in der Regel schon viele Widerstände überwunden und kann sozusagen auf das Erreichte stolz sein, es als seine Eigenleistung verbuchen. Insgeheim hält er sich dadurch oft für einen besseren, stärkeren oder gerechteren Menschen. Hier geht es um die Übung von Demut, Dankbarkeit und die Erkenntnis, dass der Mensch am Ende nichts ohne den göttlichen Beistand vermag. Es geht um eine Form der Gelassenheit, um innere Freiheit, die unabhängig ist von Ansehen und Ruhm.

Beispielhaft möchte ich auf eine Leidenschaft eingehen, die gerade in unserer modernen Welt von großer Aktualität ist. Ponticus hat sie mit dem griechischen Wort *Akedia* bezeichnet. Man kann es mit Melancholie, depressiver Verstimmung, Widerwillen, Trägheit oder Ekel übersetzen beziehungsweise umschreiben. Er nennt diesen Gemütszustand auch den „Mittagsdämon" und beschreibt ihn so: „Zuerst scheint es dem Mönch, dass sich die Sonne, wenn überhaupt, nur ganz langsam weiter bewege und die Länge des Tages mindestens fünfzig Stunden betrage. Er fühlt sich genötigt, dauernd aus dem Fenster zu schauen, … erst in diese, dann in jene Richtung zu blicken, um vielleicht einen der Mitbrüder die Zelle verlassen zu sehen. Langsam lässt er im Herzen des Mönches einen Hass auf den Ort aufsteigen, an dem er sich befindet, auf sein gegenwärtiges Leben und auch auf die Arbeit, die er verrichtet. Er macht ihn glauben, dass die Liebe unter der Brüdern erstorben sei und es niemanden gibt, der ihm Mut zuspricht." (Weisheit aus der Wüste, S. 11)

Die Beschreibung, die Evagrius für diesen Gemütszustand gibt, klingt auch für uns heute nachvollziehbar. Wenn die Spannkräfte (tonos) der Seele erschlaffen und immer mehr ein Spannungsverlust eintritt, können sich in der Folge Gedanken des Menschen bemächtigen, die ihn unfähig machen, sich zu konzentrieren und seine Aufgaben anzugehen und zu lösen. Dies führt zur Verwirrung des Denkens und zu einer Trübung der Wahrnehmung. Evagrius empfiehlt als Gegenmittel Standfestigkeit und Gewissenhaftigkeit in den alltäglichen Dingen sowie Gottesfurcht und Ausdauer. Für Daniel Hell, den Psychiater und Leiter einer Schweizerischen Universitätsklinik, liegt bei Evagrius das menschliche Problem damit nicht in der Schwäche der Seele, sondern in den negativen Gedanken, in den Befürchtungen und Leidenschaften, die dann in die Seele eindringen können. Jahrhunderte später wird am Beginn der Neuzeit der große Arzt Paracelsus diese Erkenntnis ähnlich formulieren. Der Mensch besitzt demnach eine äußere Werkstatt, seinen Körper, und eine innere, seine Imagination. Die Imagination, so Paracelsus, kann den Menschen in gleicher Weise krank oder gesund machen.

Daniel Hell bezeichnet in seinem Buch „Die Sprache der Seele verstehen" die Wüstenväter als Therapeuten beziehungsweise als „Anatomen der Gemütsbewegungen". Einer der Wüstenväter, so schreibt er, erzählte seinen Schülern ein Gleichnis, in dem er die Seele mit einem stehenden Wasser verglich, das – wenn es in Bewegung gebracht wird – die Tiefe nicht mehr erkennen lässt. So ist es auch nicht mehr möglich, sich im Wasser zu spiegeln oder auf den Grund zu sehen. Erst das Ruhigwerden der Wasseroberfläche – auf die Seele übertragen das Ruhigwerden der Gedanken und Emotionen, der Ängste und Wünsche – ermöglicht den Blick ins eigene Innere und damit Selbsterkenntnis. (Hell, S. 41)

Daniel Hell empfiehlt, sich mit den weisen Gedanken und Handlungsanweisungen der Wüstenväter zu beschäftigen. Richtig verstanden, können sie auch für den heutigen Menschen eine große Hilfe sein, sich selbst und seine Stimmungen zu verstehen und mit ihnen umgehen zu lernen. Das Kennenlernen der eigenen Dämonen, das Bewusstwerden der Leidenschaften und ihrer Wirkungen auf das eigene Leben, ist dabei als lebenslanger Lernprozess zu verstehen. Das Ziel ist die innere Ruhe, die wir auch in der Meditation anstreben, die nicht mehr getrübt ist von Emotionen. Diese Ruhe macht uns nicht nur fähiger, mit uns selbst in Frieden zu leben, sondern auch mit unseren Mitmenschen, mit der Natur und letztlich mit Gott.

Man kann davon ausgehen, dass keine andere Bewegung die christliche Spiritualität nach der ersten Entstehungsphase des Urchristentums nachhaltiger geprägt hat als die Wüstenväter und Wüstenmütter (so der Theologe Simon Peng-Keller). Sie verbreiteten keine Lehren, sie waren keine Wanderprediger. Sie wollten frei sein für ihren inneren Weg der Nachfolge Christi.

Analogien zur Weisheit der Wüstenväter und -mütter kann man in den 195 Sutras (Leitfaden) finden, die etwa zur gleichen Zeit oder etwas früher von dem indischen Gelehrten Patanjali aufgeschrieben wurden. In dieser Art Leitfaden für den Umgang mit unseren Gedanken und Gefühlen und für unseren Entwicklungsprozess finden sich ähnliche Anweisungen, wie man das Wirken des Geistes erkennen, Gedanken und Gefühle unterscheiden und Leidenschaften identifizieren und bezähmen kann.

Weitere Analogien lassen sich in den Schriften des Schweizer Arztes und Psychiaters C.G. Jung finden. Auch er schöpfte, wie die Wüstenväter, neben seinen wissenschaftlichen Erkenntnissen aus eigenen Erfahrungen, beobachtete und „therapierte" sich selbst. Die aufrichtige Selbsterfahrung sah er als unbedingte Voraussetzung für den eigenen Individuationsweg. Die überlieferte Anweisung eines Wüstenvaters „sei ganz" beschreibt diesen Prozess der Selbstwerdung in diesem Sinn.

(ar)

4

Pseudo-Dionysius Areopagita – Die Erneuerung des christlichen Platonismus

„Einige aber schlossen sich ihm an und wurden gläubig; unter ihnen Dionysius, Mitglied des Areopag." (Apg. 17,34)

Dieser Text aus der Apostelgeschichte war der Anlass, warum Dionysius den Beinamen „Areopagita" erhielt und fast 1500 Jahre als eine der größten Autoritäten des frühen Christentums galt. Es dauerte bis zum Jahr 1895, als mit J. Stiglmayr und H. Koch zwei Kenner der frühchristlichen und der neuplatonischen Literatur unabhängig voneinander herausfanden, dass Dionysius, belegbar an Hunderten von Zitaten, nachweislich in erheblichem Maße aus dem Werk des Neuplatonikers Proklos (412-485) geschöpft hatte. Von da an wurde aus Dionysius, dem vermuteten Areopagiten, ein „Pseudo", der seine Werke zwischen 476 und dem ersten Drittel des 6. Jahrhunderts verfasst haben muss.

In den Jahrhunderten danach war jene geheimnisvolle Gestalt, die trotz vieler Theorien noch heute nicht eindeutig identifiziert ist, einer der einflussreichsten christlichen Denker überhaupt. Als mutmaßlicher erster Bischof von Athen wurde er der Missionar des Frankenlandes und – bis zum heutigen Tage – der Nationalheilige Frankreichs. Wahrlich eine bedeutende Karriere für einen Unbekannten!

Weitaus nachhaltiger als die weltliche, war die geistige Bedeutung des Dionysius. Seine Werke über die „Himmlischen Hierarchien", die „Namen Gottes" oder die „Mystische Theologie" beeinflussten nahezu alle wichtigen christlichen Autoren nach ihm – von Eriugena über Anseln und Thomas zu Cusanus und bis in die Gegenwart. Noch heute werden seine Werke neu aufgelegt.

Ein Begriff, der mit Dionysius bis heute zentral verbunden wird, ist jener der „negativen Theologie". Es kann über Gott eher gesagt werden, was er *nicht* ist, als was er ist. Trotz seiner Offenbarung bleibt Gott ein „deus absconditus", ein verborgener Gott. In teilweise endlosen Wiederholungen bemüht sich Dionysius, Gott als den ganz anderen, den Überguten, den jenseits des Seins existierenden GOTT zu beschreiben. „Denn Gott ist über jedes Wesen und über jegliches Leben erhaben; kein Licht gibt es, das Ihn kennzeichnen mag, kein Logos und kein Nous ist mit Ihm zu vergleichen, nichts Bestimmbares kann von Weitem Seiner Unbestimmbarkeit ähneln." (Himml. Hier. 140 C)

In seiner Theologie und in seiner Schöpfungslehre denkt Dionysius ganz neuplatonisch. Die Schöpfung fließt im Sinne der „Emanationslehre" aus dem Überwesentlichen hervor, das, wie sein Name bereits ausdrückt, trotz seiner verborgenen Gegenwart immer jenseitig bleibt. Die „Gottheit bleibt über alles Wissen erhaben", und man kann letztlich nichts Endliches oder mit endlichen Worten Gesprochenes über sie sagen. „Jedes Wissen oder Schauen von dem, was die Gottheit ist, wird allen Lebenden immer unzugänglich bleiben." (Div. Nom. 588 C)

Wenn man die Aussagen des Dionysius konsequent zu Ende denkt, dann fällt ihr natürlich das christliche Trinitätsdogma zum Opfer – es sei denn, man deutet es neuplatonisch. Die Schöpfung geht aus dem Einen hervor und kehrt zum Einen zurück. Hier klingt wieder die „Apokatastasis-Lehre" des Origenes an. Vor diesem Hintergrund kann es auch nicht verwundern, dass die Vorstellung von Jesus als „Engel" oder „göttlicher Bote" in seiner Schrift über die „Himmlischen Hierarchien" auftaucht. „Jesus ist zufolge des Retteramtes, das er für uns angenommen hatte, alsbald selbst in die Reihe der Offenbarenden gezählt und Engel und Bote des großen Ratschlusses genannt worden. Mit Worten, die auf einen Engel passen, hat Er uns zuletzt selbst von sich gesagt, er verkünde uns die Botschaft, die Er von seinem Vater gehört hatte." (181 D) Dionysius will sich in seinem Selbstverständnis natürlich als Christ verstanden wissen, doch sein geistiger Überbau ruht weitgehend auf der Philosophie Platons und des Neuplatonismus.

Dionysius sieht in allem Leben eine hierarchische Ordnung. Diese „heilige Rangordnung" (164 D) führt von der Materie bis zum überseienden EINEN. Innerhalb dieser Ordnung verortet Dionysius auch die Engel, die er in drei „Triaden" unterteilt. Diese „Engel-Lehre" ist vielleicht sein weitreichendster Beitrag. Bis in die heutige Zeit werden die himmlischen Chöre nach der Einteilung des Dionysius verstanden. Selbst in die Anthroposophie Rudolf Steiners fanden sie Eingang.

Dionysius gliedert sie absteigend wie folgt:

1. Triade Seraphim – Cherubim – Throne
2. Triade Herrschaften – Mächte – Gewalten
3. Triade Fürstentümer – Erzengel – Engel

So prägend die neuplatonische Philosophie für das Denken des Dionysius auch war, geht er als der Mystik zuneigender Christ doch einen Schritt weiter, indem den Neuplatonismus mit der christlichen Gnadenlehre verbindet. Die Erkenntnis des Göttlichen – soweit es überhaupt erkennbar ist – ist nur dadurch möglich, dass Gott sich selbst mitteilt. Das Emporstreben des Menschen findet nur dadurch seine Erfüllung, dass Gott sich gleichsam herabneigt. Doch selbst in dieser *unio mystica,* in welcher der Mensch aus sich „heraustritt", bleibt die absolute „Jenseitigkeit" Gottes erhalten. „Er allein ist der Urgrund, der allumfassende Ursprung alles Seins und Nichtseins, darin Vollkommenheit und Überschwang, die Fülle von Allem und der Verzicht auf alles und die Jenseitigkeit selbst über alles umschlossen liegt, kein Sein und kein Nichtsein kann Ihn treffen, und Ja und Nein erreichen Ihn nicht." (Myst. Theol. 1048 B) In der Versenkung berührt der Mystiker das „göttliche Schweigen". Hier endet der Weg des Menschen. Hier endet das Sprechen über Gott.

(pm)

5

Johannes Scottus Eriugena – Ein Licht in der Dunkelheit

Das 9. Jahrhundert zählt sicher nicht zu den Glanzlichtern europäischer Geschichte. Es war eine eher dunkle Zeit, in der die meisten Menschen in Armut und Unwissenheit lebten. Die durchschnittliche Lebenserwartung lag unter vierzig Jahren. Ein spirituelles Leben fand nur an den Höfen und in den Klöstern statt.

Karl der Kahle war König des Fränkischen Westreiches und wurde später zum Kaiser gekrönt. Er war es, der den Iren Johannes Scottus Eriugena noch vor dem Jahr 847 zum Vorsteher seiner „Schola Palatina" machte. *Scottus* geht auf *Scotia maior* zurück und bezeichnete Irland; so dass Johannes in seinem Namen zweimal seine irische Abstammung zum Ausdruck brachte.

Karl der Kahle übertrug Eriugena vorrangig zwei Aufgaben: Er sollte eine Prädestinationslehre verfassen, welche die menschliche Willensfreiheit betonte, und er sollte die Schriften des Dionysius aus dem Griechischen ins Lateinische übersetzen. Vor allem die zweite Tätigkeit sollte weitreichende Folgen für die Verbreitung des neuplatonischen Gedankengutes haben.

Eriugena steht daher in seinen eigenen Schriften, vor allem in seinem Hauptwerk „Periphyseon" (Über die Einteilung der Natur), ganz in der Tradition jenes Mannes, dessen Werke er übersetzte. Seine Gottesvorstellung und sein Schöpfungsmodell gründet auf dem neuplatonischen Konzept von Hervorgang und Rückkehr, wobei seine Aussagen über Einheit und Differenz, also die (verborgene) Gegenwart Gottes in seiner Schöpfung, kühn formuliert waren, was letztlich dazu führte, dass auch er, wie so viele andere mystische Philosophen, im Jahr 1225 auf dem zwölften Ökumenischen Konzil von Papst Honorius III. für „Periphyseon" verurteilt wurde. Seiner großen Nachwirkung auf Denker wie Meister Eckhart, Cusanus oder Bruno sowie in die deutsche Klassik und den Idealismus hat dies natürlich keinen Abbruch getan – eher galt es als „Qualitätsmerkmal"!

Eriugena versuchte das Problem von Identität und Differenz durch eine Vierteilung zu lösen. Er unterschied in eine „natura creans increata", womit er den ungeschaffenen, alles hervorbringenden göttlichen Ursprung bezeichnete. Indem Gott in absoluter Selbstreflexion sich selbst schaut, treten die Ideen, die ersten Ursachen aller Dinge (causae primordiales) ins Dasein. Das ist gut neuplatonisch und augustinisch gedacht.

Die zweite Stufe nennt er das geschaffene schöpferische Sein „natura creata creans". Diese „Ideenwelt", die er als „zeitlos" verstanden wissen will, ist eher eine innergöttliche Gestaltung als eine Schöpfung im wörtlichen Sinne. Dennoch wollte Eriugena diese zweite Stufe als vom „ganz Anderen" des überseienden Gottes unterschieden wissen.

Die dritte Stufe, die raum-zeitliche Welt, nennt er „natura creata nec creans", da diese Sphäre selbst nicht mehr schöpferisch, im eigentlichen Sinne, tätig werden kann. Diese Schöpfung ist zwar ein „Abbild Gottes", aber nicht Gott selbst. Diese Idee finden wir einige Jahrhunderte später im „Sonnengleichnis" Meister Eckharts wieder. Die Widerspiegelung der Sonne (Gottes) im Wasser ist zwar auch die Sonne, dennoch bleibt die Sonne die Sonne und das Wasser das Wasser. Der Pantheismus-Vorwurf zeigt sich hier als reine linguistische

Verdrehung. Weder Eckhart noch Eriugena verloren den Unterschied zwischen dem SEIN und dem geschaffenen Sein aus den Augen.

Diesen Gedanken muss man berücksichtigen, wenn man Eriugenas vierte Stufe „natura nec creata nec creans" betrachtet. In ihr vollendet sich der Prozess aus Hervorgang und Rückkehr, indem alles Geschaffene wieder zu Gott zurückkehrt. Auch hier steht Origenes als Kronzeuge am Anfang dieses Konzeptes.

Eriugena war wirkmächtig. Sein Einfluss wird brillant dokumentiert von Werner Beierwaltes in seiner noch immer maßgeblichen Monographie „Eriugena". Darin arbeitet er alle Überlieferungsstränge meisterhaft heraus, die hier nur angedeutet werden können. Die philosophiegeschichtliche Dimension steht bei Beierwaltes natürlich im Vordergrund, aber er trifft im Vorwort seines Buches doch eine bemerkenswerte Feststellung: „Diese umfassende Reflexion beschreibt ihren Gegenstand freilich nicht nur wie einen „objektiv" gegebenen und im Abstand bleibenden; die argumentative Sicherung der Aussagen steht vielmehr im Dienste einer *Spiritualität*, die die Erkenntnis von Wahrheit in einer dem Ziel der „deificatio" des Menschen angemessenen *Lebensform* wirksam werden lässt. Insofern hat die oft wiederholte Ansicht, Eriugena sei nicht nur der „Vater Scholastik", sondern zugleich ein Begründer der „Mystik", ein gewisses Maß an Plausibilität."

Hier findet sich wohl auch die Erklärung, warum Rudolf Steiner Eriugena in seinen Frühwerken („Die Mystik im Aufgange des neuzeitlichen Geisteslebens" und „Das Christentum als mystische Tatsache"), kurz vor seiner theosophisch-anthroposophischen Wende, als bedeutende Persönlichkeit der christlichen Mystik und als „Gestalt des bewusstseinsgeschichtlichen Übergangs" hervorhebt. Der Anthroposoph Wolf-Ulrich Klünker hat in seiner kenntnisreichen Studie „Johannes Scotus Eriugena – Denken im Gespräch mit dem Engel" die Argumente dafür behutsam herausgearbeitet.

Auch Eriugena denkt nicht trinitarisch im dogmatischen Sinn. Der „Logos", als zweite Person der Trinität, inkarniert nicht. Er steigt nicht bis auf die materielle Ebene herab, sondern ist eher „immanent" gegenwärtig. Jeder Mensch, in welchem der Logos – aufgrund seines, des Menschen, Aufstieges zurück zum göttlichen Ursprung – Wohnstatt nimmt, wird daher zum CHRISTUS. Der Logos wird so zum aktiven Mittler, um die gefallene Schöpfung wieder zurückzuführen.

In „Periphyseon" (V,12) drückt Eriugena die mystische Schau von Einheit in Differenz in seinem berühmt gewordenen „Kugel-Gleichnis" aus: „Eine goldene Kugel, die auf die Spitze eines Turmes gestellt ist, kann von allen ringsumher Stehenden zugleich gesehen werden, und jeder der Zuschauer, der seine Sehstrahlen auf dieselbe richtet, sieht dasselbe, und keiner sagt zum anderen: Hebe deine Augen weg, damit auch ich sehe, was du siehst, weil alle zugleich die Kugel erblicken können. Fließen also so viele Strahlen in Einen zusammen, ohne dass sich der eine mit dem anderen vermengte oder vermischte oder zusammensetzte, weil alle einzelnen Zuschauer ihre Eigentümlichkeit behaupten, während sie sich in wunderbarer Einheit um einen und denselben Gegenstand beschäftigen; was Wunder, wenn die ganze menschliche Natur auf eine unaussprechliche Einheit gebracht wird, während die Eigentümlichkeiten des Körpers, der Seele und des Geistes unveränderlich bleiben."

Im Grunde bringt dieser Text aus dem 9. Jahrhundert, obwohl er die „unaussprechliche Einheit" betont, die unmissverständliche Unterscheidung zwischen einer „Einheitsmystik", in der alles sich im Einen auflöst, und einer „Einheitsmystik", in der in der Einheit jeder seine „Eigentümlichkeit" bewahrt, meisterlich zum Ausdruck. Christliche Mystik meint Einheit in der Differenz, nicht Einheit ohne Differenz.

(pm)

6

Franz von Assisi – Die Wiedergeburt der Liebe

Sieht man von den Wüstenvätern ab, so waren die großen Persönlichkeiten des ersten christlichen Jahrtausends nachhaltig geprägt von der griechischen Philosophie. Sie waren, auch wenn wir sie als „mystische Philosophen" bezeichnen, eher Denker als Seher. Würden wir hier ein Buch über bedeutende Weise des Ostens schreiben, dann drängte sich der Begriff der „Jnana-Yogis" auf. Es geht um Erkenntnis und Weisheit. Diese Kategorie ändert sich mit Franziskus vollständig. Er führt das Christentum wieder auf seine Essenz zurück – auf die LIEBE. Wir dürfen Franziskus guten Gewissens als christlichen „Bhakti-Yogi" bezeichnen.

Die Veröffentlichungen über diesen großen Liebenden sind ebenso umfangreich wie widersprüchlich. Den einen ist er der größte Heilige der Christenheit, den anderen ein Simulant oder sogar Betrüger. Als erstem Stigmatisierten der christlichen Tradition kommt ihm auf alle Fälle eine Ausnahmestellung zu – und war diese äußere ‚Zeichnung' nicht gleichsam eine Auszeichnung? Trat mit Franziskus etwas in die Inkarnation, was weit über die Persönlichkeit des Mannes aus Assisi hinausreichte?

Franziskus wurde 1181/82 geboren und starb bereits am 3. Oktober 1226. Während sein Vater, ein wohlhabender Tuchhändler, zu seiner Geburt geschäftlich in Frankreich weilte, ließ seine Mutter ihn auf den Namen Johannes taufen, den der Vater aber unmittelbar nach seiner Rückkehr auf Franziskus (Francesco) umändern ließ. Die Familie zeigte große Affinität zum Französischen, und Franziskus sowie sein jüngerer Bruder Angelo beherrschten die Sprache zumindest in Grundzügen. Manche Forscher leiten aus dieser Sympathie auch eine Verbindung zu den Katharern ab, doch dafür genügt schon die spätere radikale und stark asketische Lebensweise von Franziskus, um hier eine Zuneigung vermuten zu können.

Franziskus lebte in einer militanten Zeit. Kriegsführung war das wichtigste Handwerk! So kann es nicht verwundern, dass auch der junge Mann bald darin verwickelt war. Man darf nicht aus den Augen verlieren, dass der Hauptideologe der Kirche in der damaligen Zeit Bernhard von Clairvaux (1090-1153) war, ein fanatischer Verfechter der Kreuzzüge. Auch wenn es den Päpsten vorrangig um weltliche Bereicherung ging, war doch die Lehre von der „Befreiung des Heiligen Landes" allgegenwärtig. Als Franziskus in den Jahren 1219/20 aus Missionierungsgründen selbst nach Syrien aufbrach, kehrte er offensichtlich ernüchtert und enttäuscht zurück.

Dieser Vorgriff im Leben des Franziskus erscheint notwendig, um den Zeitgeist zu verdeutlichen, in dem er aufwuchs. Im Mittelpunkt stand stets die weltliche Macht, nicht die geistige Verwirklichung. Von der ursprünglichen Lehre des Jesus von Nazareth war kaum etwas übrig geblieben.

In diesen Irrungen und Wirrungen am Beginn des 13. Jahrhunderts vernahm Franziskus vor dem Kreuz von San Damiano eine (göttliche) Stimme, die ihm auftrug: „Geh und baue mein Haus wieder auf!" Offensichtlich verstand er diese Botschaft anfänglich ganz wörtlich, und möglicherweise erfasste er nie ganz die wirkliche Dimension dieses Satzes. In diesem Fall würden wir ein weiteres Indiz dafür haben, dass Franziskus ein Werkzeug für eine viel höhere Dimension war, die durch ihn eine Erneuerung der gesamten Christenheit initiieren wollte. Die geistige Kraft, die durch Franziskus und durch ihn in die kommenden Jahrhunderte wirkte, überstieg bei Weitem die historische Persönlichkeit.

Es dürfte vielen Besuchern von Assisi ähnlich ergangen sein wie mir: Das Kraftfeld der Liebe, das von ihm und durch ihn ausstrahlt, ist schon lange vor seinem Sarg in der Krypta der Basilika San Francesco zu spüren. Der sich ihm öffnende Besucher wird gleichsam von diesem Feld durchdrungen und angehoben. Noch Tage nach meinem Besuch in Assisi empfand ich mich von dieser Kraft getragen – und kann sie selbst beim Schreiben dieser Zeilen noch spüren. Durch Franziskus wirkte eine Göttliche Kraft, die sich zwar in der Zeit (Kairos) offenbarte, aber weit über den historischen Moment in die Gegenwart weiterwirkt.

Als Franziskus am 17. September 1124 auf dem Berg von La Verna die Stigmata erhielt, mag es eher um eine Segnung als um eine religiöse Hysterie gegangen sein, wie ihm seine Kritiker vorwerfen. Es ist unerheblich, ob im Mittelalter das Wissen darüber, dass bei Kreuzigungen die Nägel in die Handwurzelknochen und nicht in die Handflächen geschlagen wurden, vergessen worden war. Es ging und geht nicht um ein Nachleben der Passion des Jesus von Nazareth – worin sollte der geistige Sinn eines solchen Geschehens liegen – sondern um eine Berufung zur Nachfolge. Dabei mag ein Gedanke auf die Bedeutung der Handflächen als Neben-Chakras gerichtet werden. Über diese Hand-Chakras erfolgt Heilung! Wenn man sich die Heilungen von Franziskus oder vor allem jene von Pater Pio vor Augen führt, bekommen diese Stigmata möglicherweise noch eine neue Bedeutung.

Als Franziskus das „Haus Gottes" neu aufbauen sollte, bezog sich dieser Auftrag, wie er bald bemerken sollte, auch auf die nicht-menschlichen Schöpfungen. Franziskus griff eine Lebensweise wieder auf, die schon den ersten Wüstenvätern vertraut war – die Verbindung mit der Natur. Franziskus bezog Tiere und Pflanzen, Wind und Wasser, Sonne und Mond ganz bewusst in sein Leben mit ein. Wollte man mit dem Vokabular des 21. Jahrhundert sprechen, so war Franziskus ein „Grüner"! Allerdings erschrickt man, wenn man nachzählt und feststellen muss, dass fast 800 Jahre vergehen mussten, bis die franziskanische Lebensform zum Politikum wurde. „Alles Leben ist eins" – diese Überschrift darf ohne Übertreibung über dem Leben des Franz von Assisi stehen!

Franziskus war sicher kein Mann der Moderne. Obwohl er über die Beziehung zu seiner geistigen Seelengefährtin Klara auch die Rolle der Frau aufwertete, steckte er in allen Mustern von Leibfeindlichkeit und Überbewertung des Männlichen fest, wie sie die Kirche seit jeher und bis heute praktiziert – völlig im Widerspruch zum Verhalten jenes Mannes, auf den sie sich bezieht. Die extreme Askese, die Franziskus fast sein Leben lang praktizierte, mag ihm am Ende seines Erdenweges fragwürdig vorgekommen sein. Weshalb Papst Gregor IX. vielleicht zu Unrecht als „Totengräber" der franziskanischen Ideale bezichtigt wird, als er die radikalen Armutsgelübde der Franziskaner lockerte. Es ging und geht um mehr als um einige äußere Formen und Regeln der Lebensgestaltung. Franziskus manifestierte die Botschaft von Friede und Liebe auf neue Weise auf Erden. Eine Botschaft, die damals schon verstanden wurde und die durch die Jahrhunderte weiterwirkt. Als er an Maria Himmelfahrt auf der Piazza Comunale in Bologna eine Predigt hielt, war die Wirkung auf die Menschen so nachhaltig, dass Blutrachen und uralte Familienfehden von einem Moment auf den anderen beendigt wurden. Seine „Aura" hatte die Menschen verwandelt – und viele sahen schon zu Lebzeiten den großen Heiligen in ihm.

Diese Friedensbotschaft kommt auch in einem seiner schönsten Texte auf wundervolle Weise zum Ausdruck:

Herr, forme mich zum Werkzeug Deines Friedens!
Wo Hass herrscht, lasse mich Frieden säen.
Wo Verletzung wirkt, lasse mich Verzeihung bringen.
Wo Zwietracht waltet, lasse mich Eintracht schaffen.
Wo Irrtum verwirrt, lasse mich Wahrheit offenbaren.
Wo Zweifel nagt, lasse mich Glauben erwecken.
Wo Verzweiflung quält, lasse mich Hoffnung schenken.
Wo Dunkelheit verdüstert, lasse mich als Licht leuchten.
Wo Traurigkeit schmerzt, dorthin lasse mich Freude tragen.

Oh Göttlicher Meister, lasse mich nicht danach trachten,
Getröstet zu sein, als vielmehr trösten zu dürfen;
Nicht verstanden zu werden, als vielmehr zu verstehen;
Nicht geliebt zu werden, als vielmehr zu lieben.

Denn nur im Geben, vermögen wir wahrhaft zu empfangen.
Und nur in der Selbstvergessenheit finden wir rechtes Verständnis.

Im Vergeben finden wir selbst Vergebung,
Und im Sterben durchschreiten wir das Tor zum ewigen Leben.

Franz von Assisi war ein Mensch des Mittelalters. „Franziskus" ist ein Archetypus des Christenmenschen, der Liebe für alle Schöpfung empfindet, der Trost bringt und Vergebung lebt. Franziskus ist ein Christ der Vergangenheit *und* der Zukunft!

(pm)

7

Frauenmystik

Die Macht war in der Zeit der großen Mystikerinnen immer noch Institutionen wie Kirche, Königshaus und Adel sowie deren männlichen Vertretern vorbehalten. Dennoch begannen Frauen, denen das theologische Studium verwehrt war, neue Wege in der Kirche zu beschreiten. Als Visionärinnen oder Prophetinnen wurden sie zwar mit einem gewissen Argwohn beobachtet, aber – wenn sie sich in dem dafür vorgegebenen Rahmen bewegten – nicht nur geduldet, sondern auch gehört. Es gab so eine Reihe von großen Frauen, die auch heute noch als Vorbilder geeignet sind. Allerdings muss man ihre Botschaft und ihr Wirken im zeitlichen und räumlichen Umfeld verstehen und das Wesentliche erkennen. Zu den wohl einflussreichsten und wirkmächtigsten Mystikerinnen gehören vor allem die deutsche Heilige Hildegard von Bingen, Birgitta von Schweden und die Spanierin Teresa von Ávila.

Hildegard von Bingen

Jede Beschreibung dieser außergewöhnlichen Nonne muss lückenhaft bleiben, denn sie gehörte zu den begabtesten, gebildetsten und vielseitigsten Frauen des Mittelalters. Sie war Visionärin, Prophetin, Naturforscherin, Heilkundige und nicht zuletzt Managerin zweier Klöster. Vor allem ihre Heilkunde, die sogenannte „Hildegard-Medizin", ist heute einem großen Kreis von Menschen bekannt und hat viele Verfechter selbst in den Reihen von Schulmedizinern. Hildegards

naturheilkundliches Werk umfasst neun Bücher mit 513 Einzelbe-
schreibungen von allein 213 Pflanzen, von Tieren, Edelsteinen und
Metallen. Dieses Wissen bezog sie offensichtlich aus den verschie-
densten Quellen: Aus einer exakten Naturbeobachtung, aus antiken
Schriften, aus altgermanischem Gedankengut, aus dem Heilwissen
der Kräuterfrauen und nicht zuletzt aus ihren Visionen.

Ihre Schriften sind so vielfältig, ihr naturheilkundliches Wissen so
umfangreich, dass ich in diesem Beitrag nur einen ganz kurzen Blick
darauf werfen kann. Vor allem möchte ich auf die Komponistin und
Dichterin Hildegard eingehen, da dieser Teil ihres Werkes in der Regel weniger bekannt ist.

Hildegard – mit Leib und Seele Gott verkünden

Hildegard wurde 1098 als zehntes Kind einer adeligen Familie (Edel-
freie von Bermersheim) in der Nähe von Alzey im Rheinland geboren. Hildegard wurde – zu dieser Zeit nicht unüblich – schon als
achtjähriges Kind in die Obhut der Nonne Jutta von Sponheim gegeben und damit in eine kleine Frauengemeinschaft aufgenommen,
die als Klausnerinnen an das Benediktinerkloster Disibodenberg an-
geschlossen waren. Hildegard, wohl bald schon die Lieblingsschüle-
rin Juttas, wurde nach deren Tod im Jahr 1136 selbst zur „Magistra"
dieser Gemeinschaft gewählt.

In den folgenden elf Jahren vollzog sich die wichtigste Wandlung in
ihrem Leben. Sie begann ihre weltumspannenden Visionen aufzuschreiben, nicht ohne immer wieder von Selbstzweifeln und Ängsten
gequält und immer wieder von Krankheiten geplagt zu werden. Mit
einer ungeheuren Sprachgewalt beschrieb sie den Schöpfer und seine
liebevolle Beziehung zur Schöpfung, den Menschen im Weltgefüge
und Christus, der den Menschen heimholen kann zu Gott. Zwischen
1141 und 1151 entstand das große Werk „Liber Scivias Domini" (Wis-

se die Wege Gottes) in Zusammenarbeit mit ihrem Beichtvater Propst Volmar und ihrer Vertrauten Richardis von Stade. Illustriert ist diese Schrift mit fünfunddreißig farbenprächtigen Miniaturen, die auch heute noch jeden Betrachter in Staunen versetzen können. Wenn Sie diese Bilder nicht kennen, rate ich Ihnen zu einem Besuch des Hildegard-Museums in Bingen.

Hildegard erlebte ihre Visionen niemals im Zustand der Bewusstlosigkeit. Sie sprach davon, dass sie „wachend schaue bei Tag und Nacht".

Hildegard – Äbtissin, Prophetin, streitbare Kämpferin, Schriftstellerin und Heilkundige

Während dieser Zeit lebt Hildegard keineswegs zurückgezogen als schreibende Nonne, sondern sie ist Vorsteherin eines Klosters. Sie steht im Briefwechsel mit den Mächtigen aus Staat und Kirche, weist auf Missstände hin, predigt, setzt sich für Gerechtigkeit ein und kümmert sich um die Notleidenden. Gleichzeitig kämpft sie um das Recht, ein eigenes Kloster errichten zu dürfen, um unabhängig zu werden von den Mönchen am Disibodenberg. Die hinterlassenen Aufzeichnungen und Briefe zeigen, welch steiniger Weg es war, bis sie und zwanzig Nonnen schließlich um 1150 ein eigenes Kloster auf dem Rupertsberg beziehen konnten. In diesem Zusammenhang wird berichtet, dass – als die Widerstände zu groß wurden – wieder einmal eine schwere Krankheit über sie kam. Erst als sie bereit war, sich dem Kampf in „wildem Zorn" zu stellen, gaben die Mönche endlich nach und ließen die damals bereits berühmte Nonne ziehen. Mit Hilfe von adeligen Unterstützern kann sie ein Gelände für einen Neubau erwerben. Urbarmachung und Bau des Klosters verlangen ihr und ihren Nonnen allerdings alles ab. Sie und ihre Nonnen lebten unter widrigsten Umständen, und so war es nicht verwunderlich, dass sie sich auch mit Kritikerinnen auseinandersetzen musste und Klosteraustritte zu akzeptieren hatte.

Eigensinn und Starrsinn werden ihr vorgeworfen, als sie das Projekt eines von Mönchen unabhängigen Frauenklosters mit aller Macht verfolgt. Ihre Predigten vor großen Menschenmengen, mit denen sie vor allem der Scheinheiligkeit der Kleriker einen Spiegel vorhielt hinsichtlich der Verrohung der Sitten, der Gier und Scheinmoral und der Ausbeutung der Armen, brachten ihr immer wieder Feinde, aber auch Unterstützer aus allen Kreisen ein. In einer mächtigen Männerwelt war ihre visionäre Gabe ihr größter Schutz, vor allem als diese auf einer Reformsynode in Trier 1147/48 von Papst Eugen III. bestätigt wurde. Hildegard wurde damit zu einer der bedeutendsten Persönlichkeiten ihrer Zeit.

Sowohl das Werk Hildegards als auch die Beschreibungen ihres Wirkens haben mich immer zutiefst beeindruckt und auch neugierig gemacht auf die Frau „Hildegard". Aber Hildegard lässt uns nicht zu tief – wie später Teresa von Ávila – in ihre eigene Gefühlswelt blicken. Einzig der Verlust ihrer engsten Vertrauten, Richardis von Stade, offenbart eine zutiefst verletzte, enttäuschte und leidende Frau. Richardis hatte gegen den Willen Hildegards das Amt einer Äbtissin in einem norddeutschen Kloster übernommen, das ihr Bruder als Erzbischof von Bremen ihr vermittelt hatte. Auch als die junge Nonne schon bald darauf verstarb, ist Hildegards Verletzung in ihren Aufzeichnungen immer noch spürbar. Diese allzu menschliche Seite an ihr schmälert nicht ihre Größe und das Licht, das sie in ihrem Leben und mit ihren Schriften ausgestrahlt hat. Christian Feldmann schreibt in seiner lesenswerten Biografie über Hildegard: „Sie ist ganz Medium, ein Kristall, durch den das Licht strahlt..." (Feldmann, S. 75)

Hildegard und die Musik – Schöpfung als Klangbewegung

Schließen Sie für einen Moment die Augen und stellen Sie sich ein Firmament vor, das sich in ständiger Umdrehung befindet, bei der wunderbare Klänge entstehen. Diese Beschreibung entspricht Hildegards Vorstellung von Schöpfung, die aus dem Klang (des Wortes) entstanden ist. „Als nun das Wort Gottes erklang, da erschien dieses Wort in jeder Kreatur, und dieser Laut war das Leben in jedem Geschöpf." So schreibt sie im Buch „Oferati One Die" (Welt und Mensch, S. 175).

Die Vorstellung, dass sich die kosmische Harmonie des Universums in der Musik widerspiegelt, war ihr als mittelalterliche gebildete Frau durchaus vertraut. Sicher wusste sie, dass die Kathedralen ihrer Zeit nach einer bestimmten Zahlensymbolik, nach musikalischen Mustern und Gesetzen gebaut wurden. Hildegard selbst bezeichnete ihre Lieder als „symphonia harmoniae caelestium revelationem", als eine Art musikalische Umsetzung der Harmonie des Himmels.

Wie wichtig ihr die Musik war, geht aus einem flammenden Appell an den Mainzer Erzbischof hervor, mit dem sie die Aufhebung einer Strafverordnung des Klerus gegen ihr Kloster erreichte. Gar nicht devot, sondern „wie ein Strafgericht" erinnerte sie daran, dass „fromme Lieder und Musikinstrumente von heiligen Propheten erfunden worden seien, um in den Menschen eine Erinnerung an das verlorene Paradies wachzuhalten" – so schreibt ihr Biograph Feldmann. Vorausgegangen war eine Auseinandersetzung mit dem Mainzer Klerus. Dieser hatte das gesungene Stundengebet sowie die Gottesdienste, bei denen ebenfalls alles gesungen wurde, für die Nonnen verboten, weil Hildegard sich einer kirchlichen Anweisung widersetzt hatte und einen Mann, der nach einem Vergehen im Kirchenbann gestorben war, auf dem Klostergelände beerdigt hatte. Nachdem der junge Mann in der Beichte kurz vor seinem Tod sein Vergehen bereut hatte, gab es für Hildegard keinen Grund, seinen Wunsch nach einer Beerdigung auf dem Klostergelände nicht zu erfüllen. Es wird berichtet, dass sie eigenhändig die Spuren des Grabes verwischte und so eine Exhumierung unmöglich machte. Dieses Beispiel zeigt, was für eine starke Persönlichkeit sie noch ein Jahr vor ihrem Tod war.

Musik und Gesang als Formen des Lobpreises waren ihr ein Herzensbedürfnis, gehörten aber durchaus auch ins mönchische Leben ihrer Zeit. „Nun erstrahle die ganze Kirche in Frohlocken und erschalle in symphonischem Klang" heißt es in einem Hymnus. Diesen besonderen Klang können Sie übrigens auch heute noch in der Benediktinerinnenabtei St. Hildegard in Eibingen sowohl bei den Gottesdiensten als auch zu den besonderen Gebetszeiten des Tages erleben.

In unzähligen Variationen besingt Hildegard Gott und die Harmonie seiner Schöpfung und des Kosmos. Die Musik, halb irdisch verankert in den Musikern und in den Sängerinnen und Sängern und halb im schwingenden nicht-materiellen Bereich zu Hause, war für sie eine ideale Verbindung von Erde und Himmel.

Für Hildegard trägt die Seele des Menschen die Musik in sich. Der Leib und die Stimme haben die Aufgabe, diese Musik in Verbindung mit der Seele erklingen zu lassen. „Der Leib ist das Gewand der Seele, die eine lebendige Stimme hat; deshalb ziemt es sich, dass der Leib mit der Seele durch die Stimme Gottes Lob in Liedern verkündigt." (Worte lebendigen Lichts, S. 107)

Die Texte ihrer etwa siebenundsiebzig Antiphonen, Hymnen und Gesänge, die zu den einzelnen Stationen des Kirchenjahres verfasst wurden, beziehen sich auf die Heiligen Schriften und sind eng verbunden mit ihrem visionären Werk. So werden die Entstehung der Schöpfung besungen, die Menschwerdung Gottes in Christus, die Mutter Maria, die sie als Mutter der Heilkunde bezeichnete, und der Heilige Geist und sein Wirken auf Erden. Darüber hinaus hat Hildegard ein Mysterienspiel „Ordo virtutum" (Spiel der Kräfte) verfasst, bei dem es um einen symbolischen Kampf zwischen Tugenden und Lastern geht.

Hildegard starb am 17. September 1179. Schon kurz nach ihrem Tod bemühte man sich um ihre Heiligsprechung, die aber an äußeren

Umständen scheiterte. So wurde sie im Lauf der Jahrhunderte zwar immer als Heilige bezeichnet, aber erst von Papst Benedikt XVI. im Jahr 2012 offiziell heiliggesprochen und gleichzeitig zur Kirchenlehrerin erhoben.

Der Wunsch nach einer Ordnung, einer Harmonie im Menschen, die mit der Natur und mit der göttlichen Harmonie in Einklang steht, zieht sich durch das Werk dieser bedeutenden Frau, die man damit in hohem Maße als modern bezeichnen kann. Viele ihrer Erkenntnisse naturheilkundlicher Art oder den Zusammenhang zwischen Seele und Körper, zwischen psychischer Belastung und körperlicher Krankheit betreffend, sind heute kaum mehr umstritten. Sowohl die Psychoneuroimmunologie als auch die Gehirnforschung oder die Psychosomatische Medizin können viele derartige klinische Untersuchungen aufweisen.

Unsere Aufgabe ist es allerdings, die manchmal schwer verständlichen Texte Hildegards nicht nur mit dem Verstand, sondern auch mit dem Herzen zu lesen. So könnte ein Hymnus wie dieser (O quam mirabilis est) oder generell die Musik Hildegards, auf die ich im praktischen Teil noch eingehen werde, auch heute noch unsere Seele in Schwingung versetzen.

„Wie wunderbar ist doch das Wissen
im Herzen der Gottheit,
das urewig jedes Geschöpf hat erschaut!
Denn Gott, da er blickte ins Antlitz des Menschen,
den er gebildet,
er sah all sein Werk insgesamt
in dieser Menschengestalt.
Wie wunderbar ist dieser Hauch,
der also den Menschen erweckte!"

Birgitta von Schweden

Aufgewachsen in dem Ort Altomünster in Bayern, an dem sich bis 2017 das einzige verbliebene deutsche Kloster des Ordens der Heiligen Birgitta befand, ist mir Birgitta von Schweden von Kind an vertraut. Für die meisten Menschen war sie eine fast vergessene Heilige. Erst anlässlich ihrer Ernennung zur Mit-Patronin Europas (gemeinsam mit der Heiligen Katharina von Siena und der Heiligen Edith Stein), am 1. Oktober 1999, trat sie wieder mehr ins Licht der Öffentlichkeit. Bis dahin waren nicht nur ihre zahlreichen Offenbarungen und prophetischen Aussagen wenig bekannt, sondern auch ihr soziales und politisches Engagement. Dabei handelt es sich bei Birgitta um die einzige Heilige des Nordens und um die wohl einflussreichste und auch umstrittenste Frau auf der kirchenpolitischen Bühne ihrer Zeit. Immer wieder finden sich in den verschiedenen Biographien Hinweise, dass ihre 'Offenbarungen' den Konservativen in der Kirche nicht geheuer, den Progressiven allerdings zu konservativ waren.

Da sich Schweden in der Zeit der Reformation vom katholischen Glauben abwandte, wurden in der Folge viele wertvolle Spuren verwischt, so dass es nicht leicht ist, ein wirkliches Bild von Birgitta zu bekommen. So habe ich mich auf Spurensuche begeben, deren Ergebnisse ich nur sehr verkürzt wiedergeben kann.

Birgitta wurde vermutlich im Juni 1303 nicht weit von Stockholm geboren. Ihr Vater, Birger Persson, stammte väterlicherseits vom christlichen König Sverker ab, ihre Mutter stammte ebenfalls aus königlichem Geschlecht. Man kann also davon ausgehen, dass Birgitta zum einen eine sehr gute Erziehung genoss und auch als Mädchen eine gewisse geistige Schulung und Bildung erfuhr, zum anderen eine starke religiöse Prägung erlebte. Mit sieben Jahren hatte sie eine Vision der Himmelskönigin, die eine kostbare Krone in der Hand hielt. Als Birgitta die Frage, ob sie diese haben wolle, mit Ja beantwortete, drückte ihr die Jungfrau Maria die Krone aufs Haupt. Bereits mit elf Jahren erlebte sie eine Passionsvision, bei der es zu einem Dialog zwischen ihr und Christus kam, so schreibt Ludwig Clarus in seinem Buch über „Leben und Offenbarungen der heiligen Birgitta". Nach dem Tod der Mutter wurde Birgitta zur Erziehung an eine Tante übergeben. Spätestens ab diesem Zeitpunkt befand sich Birgitta in einem Zwiespalt zwischen den Erwartungen, die an ein Mädchen aus hochadeligem Haus gestellt wurden, und ihrer Sehnsucht, die ganz offensichtlich dem Religiösen galt. So musste sie schon in jungen Jahren lernen, sich mit dieser Neigung zu behaupten und ihren Weg trotz Widerständen beizubehalten. Vermutlich fand sie bereits damals Halt und Sicherheit in ihren Visionen und in ihrer inneren Führung.

Etwa 14-jährig, wurde sie dann auf Wunsch ihres Vaters mit Ulf Gudmarsson, dem Sohn eines Amtskollegen, vermählt. Obwohl aus politischen Gründen arrangiert, wie es damals in Adelskreisen üblich war, scheint die Ehe von Birgitta und Ulf, aus der acht Kinder hervorgingen, glücklich gewesen zu sein. Es ist aus heutiger Sicht schwer nachzuvollziehen, wie ein so junges Mädchen in der Lage war, die Rolle als Gutsherrin, Ehefrau und Mutter zu erfüllen. So wird berichtet, dass Birgitta neben ihren Pflichten als Ehefrau und Mutter ihre soziale Verantwortung sehr ernst nahm, Ungerechtigkeiten mutig anprangerte und dort half, wo es möglich war. Sie kümmerte sich um Bedürftige und Kranke, sorgte für ordentliche Spitäler und kümmerte sich auch persönlich um die Pflege.

Birgitta – eine Frau mit Macht und Autorität

Aufgrund ihrer Geburt in einer hochadeligen Familie und ihres untadeligen Lebenswandels galt sie bereits früh als moralische Autorität und genoss hohes Ansehen. Als sie von dem jungen schwedischen König Magnus II. Eriksson (ihrem Cousin) als Oberhofmeisterin für seine junge Gattin an den Königshof gebeten wurde, stieg die 32-jährige Birgitta in der Hierarchie weit nach oben. Der Preis dafür war allerdings hoch: Sie musste nicht nur ihr Heim verlassen, sondern ihre damals noch sehr kleinen Kinder auf Nonnenklöster verteilen oder unter die Aufsicht von Hauslehrern stellen.

Nicht lange nach einer Pilgerreise nach Santiago de Compostela starb Birgittas Ehemann 1344 im Kloster Alvastra. Wenige Tage nach dem Tod ihres Gatten hörte sie einen inneren Ruf, der als Wendepunkt im Leben der Birgitta gilt. In dieser unsicheren Phase ihres Lebens hörte sie eine Stimme, die ihr sagte, dass sie sich keine Sorgen zu machen brauche: „Fürchte dich nicht: Ich bin der Schöpfer, kein Betrüger. Ich spreche nicht nur um deinetwillen zu dir, sondern um der Erlösung anderer." So wird Birgitta von der Biographin Marguerite Tjader Harris zitiert. Von jetzt an erhielt Birgitta genaue Anweisungen, was sie tun oder an wen sie sich wenden solle, um geschützt zu werden vor Verleumdung und Verfolgung durch ihre Kritiker innerhalb und außerhalb der Kirche.

Birgitta – Visionärin und Prophetin, Politikerin, Sozialarbeiterin und Ordensgründerin

Birgitta verstand sich von jetzt an als Kanal für die Botschaften Gottes, in dessen Dienst sie sich kompromisslos stellte. Sie folgte den Anweisungen aus ihrem Inneren und nahm dabei Mühen, Anstrengungen, Ablehnung und sogar die Gefährdung ihres Lebens in Kauf.

Anders als bei manch anderen Mystikerinnen, wie etwa bei Teresa von Ávila, waren die Offenbarungen der Birgitta weniger geprägt von sinnlichen oder körperlichen Erfahrungen. Möglicherweise hat ihr geistlicher Berater ihre Aussagen diesbezüglich verändert, denn körperliche Erfahrungen in Zusammenhang mit Visionen galten zu dieser Zeit als äußerst suspekt. Man hielt Frauen für leichter verführbar oder sah sie gefährdet für Einflüsterungen durch den Teufel. So sprach sich zum Beispiel der einflussreiche Theologe Thomas von Aquin im 13. Jahrhundert energisch dagegen aus, dass Frauen in der Öffentlichkeit sprechen oder lehren, schreibt Rosalynn Voaden in ihrem Buch „God's Words, Women's Voice". Auch wenn Birgittas Offenbarungen einen deutlich intellektuellen Charakter tragen, geht es vor allem um die Erfahrung einer inneren Verbindung mit Christus oder um eine tief empfundene Beziehung mit Maria.

In den Offenbarungen wird die 'geistliche Mutterschaft Marias' allen erlösten Menschen gegenüber immer wieder betont. Mehrfach wird Maria als die „Königin des Himmels" geschildert, die in der Not alle Menschen unter ihren Schutzmantel nimmt. Auch diese Darstellungen finden sich, inspiriert von Birgittas Visionen, häufig in der Kunst als Schutzmantel-Madonna. Besonders berührend ist ihre Schilderung der Geburt Christi, so ganz irdisch und menschlich und gleichzeitig umgeben von einem besonderen Glanz. Gerade diese Offenbarung hat vor allem die italienischen Künstler zu den ersten lebensechten Geburtsdarstellungen angeregt.

Auch wenn die ambitionierte Politikerin und die prophetische Visionärin manchmal als Widerspruch erscheinen, verstand es Birgitta dennoch gut, beide Seiten zu vereinen. Realer Wirklichkeitssinn und mystische Erlebnisse wurden bei ihr zu einer Einheit im Kampf für eine bessere Welt. Mit teilweise drastischen Mitteln prangerte sie Missstände bei den Mächtigen an und rief diese zur Umkehr und Buße auf. Gemessen an ihren Möglichkeiten, hatte sie immer auch die Situation der Frauen im Blick und die Verbesserung ihrer Stellung in der Welt. 1346 gründete sie den „Orden des Allerheiligsten Erlösers", der später nach seiner Gründerin „Birgittenorden" genannt wurde. Übrigens lebte sie selbst nie als Nonne, sondern versuchte, ihr Lebensideal mitten in der Welt zu verwirklichen.

Die mittelalterliche Frau Birgitta setzte sich für die Gleichheit der Geschlechter ein und für eine Verbesserung der Situation der Frau. Vor allem während ihres langjährigen Aufenthalts in Rom erfüllte sie viele soziale Pflichten. So holte sie Prostituierte, die oft aus bitterster Armut diesem Gewerbe nachgingen, von der Straße, gab ihnen ein Zuhause und Bildung. Da man es zu dieser Zeit als unverheiratete Frau schwer hatte zu überleben, suchte sie den jungen Frauen entweder geeignete Ehemänner oder nahm sie, wenn diese das wollten, in ihr neu gegründetes Kloster auf.

Trotz ihrer oft harten und schonungslosen Kritik an den Mächtigen von Kirche und Staat bekannte sie sich zur Lehre der Katholischen Kirche und stellte deren Autorität nicht infrage. Sie war bereit, sich ihren männlichen Ratgebern unterzuordnen, das zumindest geht aus den überlieferten Schriften hervor. Möglicherweise war dies ihr Schutz vor Anfeindungen und Verleumdungen, denen auch sie ausgesetzt war. Auch war ein Preis dafür zu bezahlen, dass ihre Offenbarungen von der Kirche akzeptiert und damit einem großen Kreis von Menschen zugänglich gemacht werden konnten. Sie musste als eigene Person und vor allem als Frau hinter ihren Offenbarungen zurückstehen, ja fast gänzlich unsichtbar werden. Der Gewinn war Sicherheit, größere Bewegungsfreiheit und vor allem mehr Macht und Einfluss. Nur um diesen Preis war es Birgitta wohl möglich, sich mit allen Kräften für ihre Anliegen einzusetzen; politisch für die Beendigung des Krieges zwischen Frankreich und England oder die Rückkehr des Papstes nach Rom, gesellschaftlich für eine gerechtere Verteilung der Güter, für eine bessere Stellung der Frau und für die Übernahme von Verantwortung auf allen Ebenen.

Mit Unterstützung bedeutender Theologen, aber auch gegen Widerstand, wurde Birgitta im Jahr 1391 heiliggesprochen, also bereits kurz nach ihrem Tod im Jahr 1373. Der Grund dafür waren unter anderem die vielen Wunder, von denen aufgrund ihrer Fürsprache berichtet wurde.

Auf der Suche nach Spiritualität, die aus dem inneren Erleben, aus der eigenen Intuition gespeist wird, kann man von Birgitta lernen. Sie hat sich nach innen gewendet und dort eine tiefe Verbindung zu einer Kraft entdeckt, aus der heraus sie ihr Leben gestaltete und aus der sie die vielen Herausforderungen und Schicksalsschläge meistern konnte. In ihren Offenbarungen erkennt man immer wieder die Überwindung der dualistischen Einstellung von Gut und Böse. Trotz ihrer strengen Moral übersteigt am Ende die allumfassende Liebe, die sie in ihrer Begegnung mit der himmlischen Maria erlebte, alles – sie steht an höchster Stelle. Hier ist Birgitta für mich Vorbild. Um diese Kraft des tiefen Glaubens und der allumfassenden Liebe auch heute nutzen zu können, müssen allerdings die archetypischen christlichen Bilder, wie beispielsweise das der „Muttergottes", unter deren Schutzmantel wir sicher und geborgen sind, neu belebt werden. Nur so werden sie tragfähig im Alltag mit seinen vielen Anforderungen und Krisen.

Teresa von Ávila – vom Zweifel zur Klarheit: Solo dios basta!

„Gott allein genügt", davon war die am 28. März 1515 in Ávila/Spanien geborene Teresa – mit vollem Namen Teresa Sánchez de Cepada y Ahumada – zutiefst überzeugt. Allerdings führte ihr Weg nicht geradlinig zu dieser Erkenntnis. Gerade deshalb gehört sie zu den interessantesten Gestalten der christlichen Mystik. In ihrer Autobiographie „Das Buch meines Lebens" (Libro de la Vida) gibt sie tiefe Einblicke in ihr Denken und Fühlen. Sie zeigt sich neben ihrem Zweifel, der sie vor allem in den frühen Jahren immer wieder überfiel, als geistreiche, entscheidungsfreudige und kreative Frau, begabt mit einer gehörigen Portion Humor und einem besonderen Charme, mit dem sie Menschen aus allen Lebensbereichen in ihren Bann zog. Wenn auch die „Freundschaft mit Gott" die wichtigste in ihrem Leben war, so vernachlässigte sie dabei keineswegs die Freundschaft mit den Menschen, wie aus ihren zahlreichen Briefen hervorgeht. Zu ihren engsten Freunden gehörte dabei der Karmelit und Mystiker Johannes vom Kreuz (1542-1591).

Väterlicherseits stammte Teresa aus einer jüdischen Familie, die allerdings bereits zum Katholizismus konvertiert war. Zu dieser Zeit hatten es Menschen anderen Glaubens in Spanien nicht leicht, weshalb es ihrem Vater auch besonders wichtig war, in eine altchristliche adelige Familie einzuheiraten. Teresa galt von klein auf als sehr begabtes, aber auch eigenwilliges Kind. Es wird zum Beispiel berichtet, dass sie regelrecht verliebt war in die Vorstellung, als Märtyrerin zu sterben, um dann in den Himmel zu kommen. Dafür floh sie mit ihrem jüngeren Bruder aus der elterlichen Burg, um – wie sie schreibt – von den Mauren geköpft zu werden. Ein Glück für die Nachwelt, dass sie frühzeitig zurückgebracht werden konnte.

Nach dem frühen Tod ihrer Mutter (1528) begann für die damals dreizehnjährige Teresa eine schwierige Zeit. Einerseits nährte sie romantische Vorstellungen durch die damals verbreiteten Ritterromane und kümmerte sich vor allem um ihr Äußeres, andererseits verspürte sie eine tiefe religiöse Sehnsucht. Als Zwanzigjährige entschloss sie sich deshalb, gegen den Widerstand des Vaters in das Karmelitinnenkloster in Ávila einzutreten. Die darauf folgenden schweren Erkrankungen können wohl als Ausdruck innerer Kämpfe und Zweifel gesehen werden, die sie selbst in ihren Schriften immer wieder anspricht. Gerhard Wehr schreibt in seiner Biographie über Teresa, dass ihr Weg ein schwieriger war und nicht als glorreicher Aufstieg in lichte Seelenverfassungen gesehen werden sollte. Gerade das könnte für heutige Sucher auf dem spirituellen Weg hilfreich sein, wenn sie auf ihrem „Weg ins Licht" immer wieder – wie Teresa – der eigenen Dunkelheit begegnen. Ein besonderes Buch gab ihr in dieser Zeit Halt und Orientierung: Das Werk des Franziskanerpaters Francisco de Osuna, in dem dieser den Umgang mit Gott durch das innere Gebet beschreibt und dabei die Liebe als die wichtigste Kraft empfindet, die große Dinge bewirken kann.

In der Karwoche des Jahres 1554 hatte Teresa, als 39-jährige Frau, ein Erlebnis, das sie selbst als Bekehrung bezeichnete. Sie erblickte eine hölzerne Büste, die einen mit Wunden bedeckten Christus so ergreifend darstellte, dass der Anblick sie tief erschütterte. Dabei war eine Verbindung entstanden zwischen einer bewussten Sinneswahrnehmung und einer tiefen Empfindung von eigenem Schmerz. Gleichzeitig verspürte sie eine überwältigende religiöse Sehnsucht. Durch dieses tiefe Mitleiden war eine innige Verbindung mit Christus entstanden, die sie von da an nie mehr verließ.

Teresas Zweifel schienen nach dieser Begegnung verflogen, und von jetzt an ging sie mutig und entschlossen ihren Weg. Im Jahr 1562 kam es zu ihrer ersten Klostergründung und bereits fünf Jahre später zu weiteren Gründungen von fünf Frauen- und Männerklöstern. Aber diese Dynamik rief die Gegner auf den Plan. Teresa wurde nicht nur von der Inquisition genau beobachtet, sondern auch von den männlichen kirchlichen Hütern der Macht. Sicher waren ihr Humor und ihre Fröhlichkeit auch nicht dazu angetan, Kritiker von der Bedeutung der Lehren und Persönlichkeit Teresas zu überzeugen. 1575 wurden den „Unbeschuhten Karmelitinnen" (wie sie ihren Orden nannte) von den etablierten Ordensoberen verboten, ihre Klöster zu verlassen. Ebenso wurden Teresa neue Klostergründungen verboten. In diesen Jahren hatte Teresa heftige Anfeindungen zu überstehen und schwierige Hürden zu nehmen, die sie aber im festen Vertrauen auf ihre innere Führung und mit Hilfe ihrer Freunde meisterte. So war endlich der Weg frei für die Umsetzung ihrer Ideen und für weitere Klöster, die unter ihrer Leitung entstanden. Johannes vom Kreuz stand ihr dabei nicht nur als Spiritual und Beichtvater ihres Konvents zur Seite, sondern als engster Vertrauter. Sie konnte auf ein reiches Lebenswerk zurückblicken, als sie auf dem Heimweg von ihrer letzten Klostergründung im Jahr 1582 starb.

Die innere Burg – der Weg nach innen

Immer wieder legte sie ein persönliches Zeugnis ab für ihre Begegnung mit dem Göttlichen. Zu den bedeutendsten Werken gehört die „Innere Burg". Erika Lorenz spricht in ihrem Buch „Weg in die Weite" in Bezug auf Teresas Werk sogar von einer „Theologie der Erfahrung". Diese Erfahrungen deutet Teresa im Licht der biblischen Offenbarung und der christlichen Glaubenstradition.

Umgeben von Gräben und Wällen, oft auf schroffen Bergen, galten Burgen in allen Kulturen als Orte der Sicherheit, als Stammsitz der Götter, der Könige und Fürsten. Besucht man die Stadt Ávila, wird schnell deutlich, dass für Teresa dieses Bild der Burg eine realistische Erfahrung war. Die Stadt selbst gleicht mit ihren vielen Mauern einer Festung, die sich aus einer eher kargen Natur mit rauen Winden erhebt. Teresa kannte auch die Bedeutung der Burg, wie sie vor allem im Alten Testament immer wieder beschrieben wird. In den Psalmen wird die Burg gleichgesetzt mit Gott: „Meine Stärke, an dich will ich mich halten, denn du, Gott, bist meine Burg." (Ps 59,10)

Wie vielen ihrer Leserinnen und Leser allerdings diese Symbole, wie das Bild der inneren Burg, aus den Schriften des Alten und Neuen Testaments vertraut waren, wissen wir nicht. Wer nicht des Lateinischen mächtig war, war auf die von der Kirche vorgegebenen Texte angewiesen. Die spanische Übersetzung der Bibel stand zu dieser Zeit auf der Liste der verbotenen Bücher.

In Teresas Deutung ist der Mensch selbst die Burg, in deren Innerem Gott wohnt. Dieser Gott ist kein Gegenüber, das zur rettenden schützenden Burg wird. Er wohnt im eigenen Inneren, da hinein müssen wir uns begeben, wenn wir ihn finden wollen, wenn wir uns mit ihm vereinigen möchten. Das Gebet ist Wegbegleiter auf dem Weg, der beschritten werden muss, um ins innere Zentrum vorzudringen.

Wie eine mittelalterliche Burg hat Teresas innere Burg mehrere Höfe und Wohnungen, die das Zentrum umgeben. Hier hat sie sich deutlich an der Struktur einer mittelalterlichen Burg orientiert. Im äußeren Bereich werden gröbere Reinigungsarbeiten verrichtet. Je weiter man nach innen kommt, umso feiner werden die Gemächer, umso differenzierter auch die Aufgaben. Um in die Burg zu gelangen, müssen wir zuerst unser Anliegen vortragen, uns also bewusst sein, was wir wirklich wollen. Die einzelnen Vorhöfe und Wohnungen, die sieben Stufen ins Innere erinnern dabei an die Stufen des Yoga, wie sie vom indischen Gelehrten Patanjali vor 2000 Jahren im „Achtstufigen Pfad" des Yoga beschrieben wurden.

Zweierlei bleibt von dieser bemerkenswerten Frau: Da sind zum einen die Schriften, die auch heute noch Bedeutung haben. Vieles hat sie in ihren eigenen Lebensbeschreibungen festgehalten, die sie 1562 in erster und 1565 in zweiter Fassung fertigte. Auch was ihr selbst Sicherheit und Trost gegeben hat, geht aus ihren zahlreichen Briefen und Schriften hervor, die in einer sehr bildhaften, symbolreichen Sprache verfasst sind.

Zunächst sind diese Texte nicht ganz einfach zu lesen, vor allem für jemanden, der nicht mit der christlichen Symbolik vertraut ist. Beim

Anblick eines blutüberströmten Christusbildes werden in unserer westlichen aufgeklärten Welt nur wenige Menschen so tief berührt sein, wie Teresa es erlebt hat. Selbst der Weg in die innere Burg ist nicht leicht nachzuvollziehen. Betrachtet man allerdings diese Symbole aus der Sicht der Analytischen Psychologie, aus dem Symbolverständnis von C. G. Jung heraus, so kann man eine neue Qualität entdecken, die auch für heutige Menschen gültig ist.

Der leidende Christus kann für die ganze leidende Menschheit stehen. Gerade heute wird Empathie, die Fähigkeit mit anderen zu empfinden, als eine wichtige menschliche Qualität gesehen, die sich bis auf die körperliche Ebene positiv auswirkt. Für Teresa markierte diese tiefe Erfahrung des Mitleidens den Beginn ihres Weges, den sie von da an konsequent verfolgte. Dabei setzte sie sich für Gerechtigkeit ein, für die Rechte der Frauen, für Menschlichkeit und Wahrheit. Mit scharfem Blick erkannte sie nicht nur ihre eigenen Fehler, sondern auch die der anderen, und scheute sich nicht, diese auch deutlich anzusprechen.

Die Beschreibung des Weges ins Innere der Burg kann als Einladung verstanden werden, sich selbst – und damit dem Göttlichen – im tiefsten Inneren zu begegnen. Hier ist Teresa ganz modern. Sie weiß, dass die Begegnung mit dem inneren Selbst, dem inneren Christus, einer Vorbereitung bedarf. Sie weiß aufgrund ihrer eigenen Lebenserfahrung, dass man nicht nachlassen darf, in dem Bemühen, dem Göttlichen in sich zu begegnen.

Zu dem, was von ihr bleibt, gehört vor allem die Lebensgeschichte der großen Frau, Mystikerin, Lehrerin und Ordensgründerin selbst. Mit ihrem Leben zeigt sie, wie man mit Mut und festem Glauben, aber auch mit realistischem Blick auf die eigenen Schattenseiten, Widerstände und Schwierigkeiten überwinden kann. Besonders hervorzuheben ist dabei ihre Bereitschaft, vieles durch Humor und

Menschenliebe zu entschärfen, ohne den Blick auf – auch unangenehme – Wahrheiten zu verlieren. Waltraud Herbstrith scheibt in ihrer Biographie, dass die Einheit zwischen „Mystik und Tat" die ganze Eigenart dieser großen Persönlichkeit ausmacht.

Bereits 1622 wurde sie heiliggesprochen und 1970 von Papst Paul VI. als erste Frau zur Kirchenlehrerin erklärt (die Mystikerin Katharina von Siena folgte kurz darauf). Neben vielen anderen Ehrentiteln, die ihr posthum verliehen wurden, erklärte sie Papst Pius XII. 1944 zur Schutzpatronin der Schachspieler, wohl um ihrer hohen Intelligenz eine Ehre zu erweisen.

Es ist tröstlich, dass sie mit der Erhebung zur Kirchenlehrerin auch von offizieller Seite eine besondere Anerkennung erfuhr. Sie selbst hätte wohl darüber gelächelt, denn ihre Energie und Überzeugungskraft bezog sie nicht aus äußeren Ehrenbezeigungen, sondern aus ihrer Freundschaft mit Gott – wie sie selbst sagte: Gott allein genügt, basta!

(ar)

8

Giordano Bruno – Das letzte Aufflackern der Inquisition

Von den zahllosen schrecklichen Todesurteilen, welche die Kirche auf dem Gewissen hat, dürfte der Mord an Giordano Bruno zu den verhängnisvollsten zählen. Als Bruno am 17. Februar des Jahres 1600 auf dem Campo dei Fiori den Flammen zum Opfer fiel, sollte dieses Feuer des Todes wie eine Flamme des Lebens in die europäische Geisteswelt ausstrahlen.

Bruno hatte an allen bedeutenden Königshöfen gelehrt. Er war auch in Wittenberg, Frankfurt oder Zürich gewesen, und trotz seines sicher nicht einfachen Charakters hatte er viele Freunde gewonnen; vor allem aber großen Respekt der geistig aufgeschlossenen Gesellschaft. Bruno stand für ein neues Weltbild, ein Weltbild, das die Kopernikanische Wende auch in Philosophie und Theologie umgesetzt wissen wollte. Es war, als hätte sein Tod in akademischen Kreisen und in einer sich allmählich spirituell befreienden Gesellschaft eine gewaltige Trotzreaktion ausgelöst. Eine Reaktion, die innerhalb weniger Jahrhunderte zur Entmachtung der Inquisition und zum Sieg der Naturwissenschaften führen sollte. Die Tatsache, dass Bruno diesen Weg hin zu einer gottlosen Wissenschaft niemals gewollt hätte, zählt zu den großen Paradoxa der europäischen Geschichte.

Bruno wurde etwa im Jahr 1548 im süditalienischen Nola in einfachen Verhältnissen geboren. Er trat als junger Mann in den Dominikaner-Orden ein, bekam aber aufgrund seines rebellischen Geistes schon bald Probleme mit Disziplin und Dogma. Seine Zugehörigkeit zum Konvent in Neapel ist bis zum 30. Januar 1576 dokumentiert, so dass er vermutlich im Frühjahr dieses Jahres seine Flucht angetreten hat, die ihn letztlich durch ganz Europa führte.

Bruno schöpfte aus vielen Quellen, von Ramon Llull und Cusanus über Agrippa von Nettesheim und Kopernikus bis hin zur Kabbala, die er wohl in ihrer venezianischen Ausprägung kennenlernte. Die englische Historikerin Frances A. Yates hat diese wichtigen Querverbindungen in Brunos Leben in mehreren Veröffentlichungen überzeugend dokumentiert. Im Zentrum seiner Lehren stand allerdings immer die Vorstellung von der „Unendlichkeit der Welten". In seiner Begeisterung neigte Bruno zu radikalen Formulierungen, was ihn nicht nur in die Hände der Inquisition führte, sondern auch zu einer pauschalen Aburteilung als „Pantheist". Dabei wird vielfach, bei ungenauer Lektüre, Brunos Idee der „Weltseele" mit einer pantheistisch gedachten Immanenz Gottes in der Welt verwechselt. Die Weltseele ist zwar ganz und ungeteilt in der Welt, aber sie hebt die Transzendenz Gottes nicht auf. In bestechender Klarheit hat dies Werner Beierwaltes in seiner Einleitung zur Studienausgabe von Brunos Hauptwerk „Von der Ursache, dem Prinzip und dem Einen" deutlich gemacht: „Die Welt ist seine Explikation. Das Modell complicatio – explicatio möchte das verursachende In-Sein und zugleich das Über-Sein Gottes deutlich machen: Gott ist sowohl complicativ als auch explicativ Alles, jedoch in je verschiedener Weise. *In* ihm als dem Umfassenden ist alles „zu explizierende" Seiende (die Welt, das Universum) nur *er* selbst, *außer* ihm, das heißt als es selbst, ist das Seiende nur *durch* dessen Wirken; er ist also als *dessen* Grund *in* ihm und nicht als er selbst." (Einl. XXVI)

Die Vorstellung von Implikation und Explikation inspiriert in den folgenden Jahrhunderten interessanterweise auch zahlreiche Physiker, darunter den Einstein-Schüler David Bohm. In seinem spirituellen

Hauptwerk „Die implizite Ordnung" wird Brunos Gedankenwelt herangezogen, um der Quantenphysik eine 'verborgene' kausale Erklärung zu unterlegen. Auch bei Bohm wird die „Selbst-Entäußerung" Gottes nicht zu einer Selbst-Aufgabe. Die absolute Transzendenz des Einen bleibt stets gewahrt. Seltsamerweise wird dies von Brunos Kritikern bis heute nicht anerkannt; und große „Lexika der Kirchengeschichte" führen ihn noch immer als einflussreichen „Ketzer". Das Errichten und der Verbleib einer Statue zu seinem Gedenken an jener Stelle, an der er ermordet wurde, war heftig umkämpft. Noch unangenehmer berührt es, wenn man sich daran erinnert, dass Brunos erbittertster Gegner, der damalige Großinquisitor Roberto Bellarmin, am 29. Juni des Jahres 1930 von Papst Leo XIII. heiliggesprochen wurde. Während die Kirche ihre Irrtümer zumindest gegenüber Galileo Galilei eingestand, wartet Giordano Bruno noch immer auf seine Rehabilitation!

Wenn man Brunos Lebensgeschichte kennt, kann es nicht verwundern, dass ein bedeutender Theologe der Gegenwart, Eugen Drewermann, der ein ähnliches, wenngleich glücklicherweise unblutiges Schicksal wie Bruno erdulden musste, ihm ein literarisches Dokument setzt („Giordano Bruno oder Der Spiegel des Unendlichen"), in dem er ihn seine letzten Tage im römischen Kerker erzählen lässt. Es ist ein aufrüttelnder Appell an die menschliche Freiheit und an die unendlichen Welten über uns.

Bruno starb für eine Freiheit, die andere mutige Männer und Frauen nach ihm erstritten, für die er eines der größten Vorbilder war. Daher ahnte er wohl, was er aussprach, als er nach seiner Verurteilung der Inquisition die Worte entgegen schleuderte:

„Mit größerer Furcht wohl sprecht Ihr mir das Urteil,
als ich es empfange."

(pm)

9

Böhme – Swedenborg – Lorber – Das Geistchristentum

Jakob Böhme, Emanuel Swedenborg und Jakob Lorber werden gerne in einem Atemzug als „mystisches Dreigestirn" genannt, obwohl sie durchaus signifikante Unterschiede in ihren Persönlichkeiten und vor allem hinsichtlich ihrer Spiritualität aufweisen. Während die beiden ersten als Mystiker beziehungsweise Seher zu verstehen sind, beginnt mit Lorber eine Epoche, in der das „mediale Element" in den Vordergrund rückt. Es kommt zu „Botschaften" aus einer feinstofflichen Welt, die in der Zeit zwischen der Mitte des 19. und der Mitte des 20. Jahrhunderts ein spiritistisches Weltbild entstehen lassen, das neben skurrilen Auswüchsen durchaus ernst zu nehmende Alternativen zu einem anfänglich noch dominierenden kirchlichen Christentum entwickelt.

Jakob Böhme

Böhme wurde 1575 in Altseidenberg bei Görlitz geboren. Er war der Sohn eines armen Bauern und erlernte das Schuhmacherhandwerk. Durch mehrere tiefgreifende mystisch-visionäre Erfahrungen wurde er inspiriert, sein vielbändiges Werk zu verfassen. Er starb am 27.11.1624 in Görlitz.

In seiner Gottesvorstellung bewegt sich Böhme in der Tradition der Kirchenväter. Gott ist die ewige Quelle, jenseits von Zeit und Raum, über den man zwar mit irdischen Worten spricht, der aber doch über alles Zeitliche unendlich erhaben ist. Der „Grund der Gottheit" weist keinen Ursprung auf, sondern „fasst sich nur in sich selber". (Von der Menschwerdung Christi, II,1,8) In seinem Werk „40 Fragen der Seele" (I,13) klingt es geradezu neuplatonisch, wenn Böhme schreibt: „Er blickt in sich als in die Ewigkeit und sieht, was er selber ist, und macht damit sich selbst einen Spiegel." Um Gottes Sein als das ganz Andere auch sprachlich auszudrücken, wählt Böhme das Wort vom „Ungrund".

Die Schöpfung entsteht als Hervorgang aus diesem Ungrund, wobei Böhme die Idee einer „creatio ex nihilo" ablehnt und eher zu einer moderaten Emanationslehre neigt. Die Schöpfung geht „aus ihm selber hervor". Böhme versucht das Verhältnis von Gott und Schöpfung in seinem Gleichnis vom Apfelbaum zu erklären. „Die Schöpfung ist nichts anderes als eine Offenbarung des allwesenden, unergründlichen Gottes; und alles, was er in seiner ewigen unanfänglichen Gebärung ist, das ist auch in der Schöpfung. Doch verhält sich diese zu Gott nur wie ein Apfel, der auf einem Baum wächst; derselbe ist nicht der Baum selbst, sondern wächst nur aus der Kraft des Baumes." (De signatura rerum 16,1)

In seiner Christologie denkt Böhme noch dezidiert trinitarisch: In Christus ist die zweite Person der Trinität Mensch geworden. Durch eine postulierte göttliche Allgegenwart, die auch in Christus offenbar wird, versucht Böhme die Frage der Vereinbarkeit von der Unveränderlichkeit des absoluten Geistes und der Inkarnation zu lösen. „Der Mensch Christus ist ein Herr über alles und begreift das ganze göttliche Wesen in sich; und so ist denn auch keine andere Stätte, da wir Gott erkennen könnten, als im Wesen Christi, weil da die ganze Fülle der Gottheit leibhaftig wohnt." (40 Fragen I,153)

Der schöpferische Prozess mündet ein, ganz origenistisch gedacht, in eine Heimkehr alles Gefallenen, in der „Jehovah alles in allem ist". (Stiefels Büchlein II,139 f.)

Emanuel Swedenborg

Swedenborg wurde am 29.1.1688 in Skara/Westgotland geboren. Er war der Sohn des Bischofs Jasper Swedberg. Bis zu seinem 46. Lebensjahr war Swedenborg als Wissenschaftler im Bergbau tätig. Seine Werke gründete er auf seiner Fähigkeit des Hellsehens. Er starb am 29.3.1772 in London.

Um die Absolutheit Gottes hervorzuheben, unterscheidet Swedenborg etwas willkürlich zwischen dem göttlichen Sein und dem göttlichen Wesen. „Zuerst soll von dem göttlichen Sein, darnach von dem göttlichen Wesen gehandelt werden. Es macht zwar den Anschein, als ob diese beiden ein und dasselbe wären, aber das Sein ist universeller als das Wesen; denn das Wesen setzt das Sein voraus, und aus dem Sein leitet das Wesen seinen Ursprung ab. Das Sein Gottes, beziehungsweise das göttliche Sein kann nicht beschrieben werden, weil es über jede Vorstellung des menschlichen Denkens erhaben ist. Menschliches Denken vermag nur Erschaffenes und Endliches zu erfassen, nicht aber das Unerschaffene und Unendliche, also das göttliche Sein. Dieses ist das Sein selbst, aus dem alles entspringt, und das wiederum in allem sein muss, damit es sei." (Wahre Christliche Religion Bd.1, 33) Swedenborg zieht eine scharfe Grenze zwischen göttlicher Transzendenz und Immanenz. Gott ist nur in seiner Schöpfung erkennbar. Damit steht Swedenborg ganz in der Tradition einer „negativen Theologie".

In seiner Schöpfungslehre stimmt Swedenborg nahezu vollständig mit Böhme überein. Beide lehnen die „Schöpfung aus dem Nichts" ab und lassen alles Geschaffene „aus der göttlichen Wesenheit" hervorgehen. Wie Böhme sieht auch Swedenborg eine substanzielle Differenz zwischen dem Reich der Engel und der Welt der Menschen, die „von Anfang an" bestanden haben soll. Auch in der Christologie steht Swedenborg in der Tradition Böhmes und geht von einer völligen Identität Christi mit dem göttlichen Jehovah aus. „Unter dem Sohn Gottes ist Jehovah Gott in seinem Menschlichen zu verstehen." (WCR I,140)

Aus heutiger Sicht betrachtet, scheinen Swedenborgs seherische Fähigkeiten nicht über die „Astralwelt" hinausgereicht zu haben. Vor allem seine Beschreibung einer „ewigen Hölle" zeigt deutlich seine begrenzte Schau und seine stark in orthodoxem Denken verhaftete Weltanschauung.

Jakob Lorber

Jakob Lorber zählt sicher zu den ungewöhnlichsten Quellen christlicher Mystik. Er wurde am 22.7.1800 in der Gemeinde Kanischa bei Marburg in der Steiermark geboren, wo sein Vater als Kapellmeister tätig war. Am 15. März 1840, um 6 Uhr morgens, vernahm er, als er nach seinem Morgengebet gerade sein Bett verlassen wollte, in der Gegend seines Herzens eine Stimme, die ihm zurief: „Steh auf, nimm deinen Griffel und schreibe!" Lorber leistete der Aufforderung Folge und diente dieser inneren Stimme, die er bald „das lebendige Wort" nannte, mehr als vierundzwanzig Jahre. In dieser Zeit entstand ein monumentales Werk, das einerseits – vor allem in naturwissenschaftlicher Hinsicht – weit über die damals bekannte Weltsicht hinausreicht, das aber andererseits auch einer Christologie verhaftet bleibt, die kaum von der seiner Vorläufer Böhme und Swedenborg abweicht. Jakob Lorber legte „seinen Griffel" am 23.8.1864 in Graz endgültig zur Seite.

Das Gottesbild Lorbers setzt die geschilderten Transzendenz-Auffassungen nur bedingt fort. „Ihr sehr hieraus, dass der Schöpfungsraum notwendigerweise ewig nach allen Richtungen hin unendlich war und nie einen Anfang hat nehmen können, und da Gott, Raum und Ewigkeit identisch sind, so ist Gott, der alle diese Begriffe in sich vereinigt, ja auch ohne Anfang, weil ein Anfang von Gott ebenso unmöglich zu denken ist wie der Anfang im Werden des unendlichen Raumes und mit ihm der ewigen Zeit." (Das Große Evangelium Johannes VIII, 28,9-12) Der Immanenz-Gedanke steht hier im Vordergrund, während die absolute Transzendenz und die Unterscheidung von Ewigkeit und Zeit, von absolutem Sein und erschaffenem Raum, in den Hintergrund tritt.

Die Schöpfung schildert der Lorber-Inspirator in sehr mythologischen Bildern, beginnend mit den „sieben Urgeistern". Daran schließt sich der Luzifer-Mythos und der „Fall der Geister" an. Daraufhin formt sich neben der Geist-Schöpfung eine gewaltige materielle Schöpfung. Lorber schildert diesen Kosmos auf beeindruckende Weise, in dem er ein Universum zeichnet, das in seiner gewaltigen Größe die Mitte des 19. Jahrhunderts bekannte Kosmologie und Naturwissenschaft deutlich übertrifft.

Lorbers Christologie hingegen deckt sich völlig mit jener Böhmes oder Swedenborgs. „Jesus ist der wahrhaftige, allereigentlichste, wesenhafte Gott als Mensch, aus dem erst alle Gottheit, welche die Unendlichkeit erfüllt, als der Geist seiner unendlichen Macht, Kraft und Gewalt gleich den Strahlen der Sonne hervorgeht. – Jesus ist demnach der Inbegriff der gänzlichen Fülle der Gottheit oder: In Jesus wohnt die Gottheit in ihrer allerunendlichsten Fülle wahrhaft körperlich wesenhaft." (Die Geistige Sonne II,13,2f.)

In manchen Passagen seines umfangreichen Werkes ist Lorber beziehungsweise seine „göttliche Stimme" noch ganz im 19. Jahrhundert verhaftet, in anderen greift sie weit in die Zukunft aus. Hervorzuheben ist dabei unter anderem, dass im Lorber-Werk erstmals in der christlich-mystisch-medialen Tradition der Reinkarnationsgedanke angesprochen wird. Im 6. Band seines „Johannes-Evangeliums" verkündet Lorbers Inspirator: „Wer aber von euch etwas zu fassen imstande ist, der wisse, dass auch von anderen Welten Seelen auf dieser Erde ins Fleisch getreten sind und auch die Kinder der Schlange auf dieser Erde. Sie sind wohl einmal gestorben, und manche schon etliche Male, nahmen aber zu ihrer Vollendung wieder Fleisch an.

Ihr habt schon oft von einer Wanderung der Seelen gehört. Das ferne Morgenland glaubt noch heutzutage fest daran. Aber es ist solcher Glaube bei ihnen sehr verunreinigt, weil sie die Menschenseelen wieder in ein Tierfleisch zurückkehren lassen. Allein dem ist nicht von ferne also.

Dass sich eines Menschen Seele von dieser Welt wohl aus dem Mineralreich, Tier- und Pflanzenreich zusammensammelt und sich bis zur Menschenseele emporschwingt, das ist euch schon zum größten Teile gezeigt, und auch, wie das in der gefesteten Ordnung geschieht. Aber rückwärts wandert keine noch so unvollendete Menschenseele mehr, außer im geistigen Mittelreiche der äußeren Erscheinlichkeit nach zum Berufe ihrer Demütigung und der daraus möglich hervorgehenden Besserung." (VI, 61,2-4)

Die Formulierung vom „fernen Morgenland" seitens der „göttlichen Stimme" löst eine gewisse Verwunderung aus, weist aber gleichzeitig in die Richtung, aus der Lorbers Inspiration stammen könnte. Eine naturwissenschaftlich gebildete Seele, deren christliche Prägung aus einer hohen kirchlichen Position stammen könnte, dürfte im Aufstieg durch die jenseitigen Welten durchaus eine so umfassende Weltsicht gewonnen haben, wie sie aus dem Lorber-Werk hervorleuchtet. Gleichzeitig ist sie in gewisser Hinsicht ihren christlichen Wurzeln und Prägungen nicht entwachsen, weshalb wir in Lorbers zahlreichen Bänden wahrhaft inspirierende Passagen finden, die sich mit ganz orthodox-christlichen Positionen abwechseln. Lorber steht an der Schwelle zu einem geistchristlichen Weltbild, das sich erst in den folgenden 150 Jahren vollumfänglich entfalten sollte.

Das Geistchristentum

Mit Jakob Lorber beginnt eine Bewegung, die dem faustischen Gedanken „die Geisteswelt ist nicht verschlossen" vollumfänglich Anerkennung zollt. Es beginnen erste Versuche einer medialen Kommunikation mit nicht verkörperten Wesen, die sehr unterschiedliche Veröffentlichungen mit den übermittelten Texten zur Folge haben. So kristallisiert sich in der zweiten Hälfte des 19. Jahrhunderts ein Weltbild heraus, das schon bald mit der Bezeichnung „Spiritismus" oder später als „Geistchristentum" charakterisiert wird.

Viele der „Botschaften" bewegen sich im Rahmen einer christlichen Lehre, wie sie schon bei Böhme, Swedenborg oder Lorber zu finden waren. Gottesvorstellung und vor allem Schöpfungslehre weisen ein sehr anthropomorphes Bild auf. Manches ähnelt eher dem Olymp der griechischen Götter als dem mystischen Verständnis eines Origenes oder Dionysius Areopagita. Da kämpft der „liebe Gott" mit dem „bösen Luzifer" oder der Erzengel Michael wirft Ahriman aus dem Himmel. Alles in konkreten, handfesten Szenen geschildert; und alles für weltumspannend und allgemeingültig angesehen. Da kommt kaum eine Quelle zu einer planetarischen Schau, die auch einmal auf die Weltanschauungen jenseits des Christentums blickt. Es erinnert an Geschichten, die man Kindern erzählt, weil sie komplexe Zusammenhänge nur in märchenhaften Bildern verstehen.

Eine Quelle ragt jedoch wie ein Monolith aus der Fülle des Durchschnittlichen und Kindhaften heraus – Emanuel.

Das Buch Emanuel

In den Jahren 1890 bis 1897 entstanden, teils spontan, teils durch Fragen veranlasst, die Durchgaben des Geistwesens „Emanuel". („Emanuel – Botschaften aus dem Urlicht") Die Übermittlung vollzog sich durch ein Medium über Psychographie (mediales Schreiben). Vom Leiter des „Emanuel-Kreises", Bernhard Forsboom, gesammelt und herausgegeben, stellt das Buch „Emanuel" in seiner Gesamtheit die wohl wertvollste und tiefschürfendste Zusammenfassung geistchristlichen Gedankengutes dar. „Emanuel" führt über seine Identität aus:

„Ich selbst war ein Geist, der zur Stufe halbmaterieller Welten fiel. An der Grenze des Lichtkreises reinen Geistlebens stehend, habe ich noch diese Schutzgeist-Mission übernommen, ehe ich ganz in meine Heimat eingehe. Mein Fall verbindet mich mit euch gefallenen Geistern in und außer dem Menschenkleid, und gerne bleibe ich an der Grenze stehen, sehnsüchtig in das Heimatland blickend, wenn ich dadurch nur einem meiner Brüder helfen, nur einem die Macht der Gottesliebe zeigen kann."

Der Gedanke eines „Falles" der einst geistig geschaffenen und in einer rein geistigen Welt lebenden Geschöpfe ist die Grundüberzeugung sämtlicher geistchristlicher Quellen – ganz im Sinne der urchristlichen Lehre eines Origenes. Das Absinken, die Absonderung (Sünde) der geistigen Wesen ist heute kaum noch in menschlichen Worten darstellbar. „Emanuel" weist in vielen Botschaften immer wieder auf diese Begrenztheit des menschlichen Verstehens hin. „Seid vorsichtig, dass ihr nicht zu enge Grenzen zieht, wenn ihr euch selbst und anderen das Wirken der göttlichen Gesetze klar zu machen sucht. Die

Schöpfung Gottes und sein Wirken in dieser Schöpfung ist so groß, dass es jedem Geistwesen unermesslich und unbegrenzt scheint, und es ist auch nur verstanden, durchmessen und gewogen von diesem Gott selbst und ist begrenzt von seiner Liebe und Weisheit, wie seine Führung allein diese Schöpfung zu durchdringen vermag von der Höhe reinen Geistes bis in die Tiefen derber Materie. Alles in Verwandlungen herausbildend bis zur Vollendung seiner Wesenheit."

In einer weiteren Botschaft vertieft „Emanuel" das ursprüngliche geistige Schöpfungsgeschehen. „Im Anfang war Gott. Gott ist Urleben, ist Schöpfungskraft, schöpferische Bewegung, die sich zu Geistindividualitäten kristallisieren musste. Ihr könnt diesen Vorgang nicht verstehen, nicht fassen; können wir von der Materie ganz befreite Geister ihn doch nur ahnen. Aber so viel könnt ihr fassen, dass Gleiches Gleiches zur Folge haben muss.

So war Gott und wurde aus ihm Ähnliches: reine Geister. Weil aus der Vollendung hervorgegangen, trugen sie den Keim der Vollendung in sich, und diese Vaterschaft ist Bürge, dass sich diese Keime in allem zum Abbild ihres Vaters entwickeln werden. Es lag in ihnen Schöpfungskraft, Willensfreiheit und Erkenntnis der Gesetze, durch die sie diese Schöpfungskraft zu ihrer Vollendung ausbilden sollten. Sie mussten diese drei Eigenschaften haben: Schöpfungskraft, Willensfreiheit und Kenntnis der führenden Gesetze; denn nur durch diese konnten sie jene Größe erreichen, die für sie, ihrer Sohnschaft gemäß, das gesetzliche Ziel war."

Für die unterschiedlichen geistchristlichen Auffassungen liegt hier die höchste Zielvorgabe: Die Gleichheit der einst in einer geistigen Schöpfung erschaffenen Wesen! Es konnte keine hierarchische Schöpfung geben, in der die einzelnen Geistwesen unterschiedliche Stufen innehatten. Alle waren gleich vor Gott! Er musste allen die gleiche Schöpferkraft zugestanden haben, wobei „gleich" hier nicht

im Sinne von einförmig zu verstehen ist; und alle geschaffenen Wesen mussten die gleiche Kenntnis der göttlichen Gesetze haben. Nur
auf der Grundlage dieser Voraussetzung konnte sich die Entwicklung
des Abbildwerdens vollziehen. Alle geschaffenen Wesen waren Kinder Gottes: Wie hätte Gott einen ersten oder zweiten Sohn schaffen
können, der ihm lieber als der dritte oder vierte Sohn gewesen wäre?
Widerspräche dies schon dem menschlichen Gerechtigkeitsempfinden, wie sollte es erst auf Gott zutreffen. Gleiches musste Gleiches
zur Folge haben.

„Gott macht keine Versuche, und es gibt keine Willkür in dem ganzen Universum. Nicht ein Wiedergutmachen, nicht ein Herausführen des Schlechten ins Gute, nicht ein Verwandeln des Chaos in ein
durch Gesetze geführtes Universum ist Plan und Arbeit der Gottheit.
Es müsste ja sonst ein Etwas gewesen sein, das älter als der Schöpfungsplan Gottes gewesen wäre. Gott müsste ein gegebenes Etwas
umbildend geschaffen haben. Wer hätte aber Gott etwas geben können? Und wie hätte dieses Urleben, diese Weisheit, dieser Gott nicht
von Anfang an einen ewigen Plan, ein bestimmtes Ziel und bestimmte Wege für alles werdende Leben haben sollen? Nichts, was war,
wurde nachher eingeschlossen in diesen Plan, sondern dieser Plan
bestimmte das Werden.“

Da diese Ausführungen im Kreis um Forsboom offensichtlich nicht
verstanden wurden, bat man „Emanuel“ um weitere Erläuterungen.

„Der Schluss genannter Kundgebung sollte euch nur klar machen,
was das Primäre in der Schöpfung gewesen ist, im Gegensatz zu
der Lehre, dass Gott durch Verwandeln des Chaos das Universum
geschaffen habe. Unter Universum versteht alles, was da ist; nicht
nur die materiellen, sondern auch die rein geistigen Sphären oder
Welten. Bedenkt doch, dass Gottes Schöpfungsplan so groß, weit
über euer Begriffsvermögen hinausgehend ist. Gottes Schöpfung,

das heißt die Lebenswelle, die die Folge des Urlebens war, ist eine rein geistige gewesen. Das Chaos, die Verdichtung, die eine Folge grundsätzlicher Arbeit eines Teiles der Geister gewesen ist, war nur wie ein trüber Punkt im klaren All, wie eine kleine Wolke an eurem Firmament.

Der Glaube des Menschen geht oft dahin, dass Gott erst aus dem Chaos ein durch bestimmte Gesetze geführtes Weltall geschaffen hat, während tatsächlich Zeiten, die sich eurem Begriffsvermögen entziehen, über die reine Geisterschaffung hinweggezogen sind, bevor ein Teil dieser Schöpfung in der zunehmenden Kraft ihrer gesetzlichen Entwicklung gesetzliche Bahnen verließ, die Trübung oder Verdichtung verursachend, die, durch Gott in neue Gesetze eingeschlossen, wieder durch die Arbeit der Vergeistigung in den Kreis der ewigen Gesetze gebracht werden muss."

Die ursprünglich geistige Schöpfung wurde durch den Missbrauch des Eigenwillens der Geschöpfe in eine dichtere Ebene umgestaltet. Es war ein unmerkliches Herabsinken, eine Trübung des Urlichtes, die aus heutiger, materieller Sicht gar nicht mehr erfasst werden kann.

„Es ist unmöglich, dass das Unvollkommene und besonders das in der Materie Befangene und Gefangene das Wesen und Wirken der absoluten, ewigen Vollkommenheit erfassen und verstehen kann. Kinder, dieser Gott!

Uns Geister durchströmt Seligkeit, wenn wir nur das Wort Gott aussprechen; denn es ist ein Wort, das uns die höchsten, mächtigsten Begriffe erschließt, deren wir nur fähig sind. Diese Begriffe enthalten so viel Seligkeit für uns, als uns nur möglich ist, auf unserer jetzt erreichten Stufe zu empfinden. Vielen Menschen ist es nur ein Wort, vielen Grundlage einer Theorie – in wenigen nur ein Empfinden, das lebhafte Sehnsucht erweckt, und nur in Einzelnen ein Erkennen, das jede andere Erkenntnis in sich schließt. Uns ist er: Unser Schöpfer, unser Vater, unser Ziel, unsere Seligkeit – und unsere Sehnsucht nach diesem Gott schließt nicht reichste, vollste Befriedigung aus.

Versteht mich recht. Unsere Befriedigung und unsere Seligkeit sind nicht an sich vollkommen; es ist nur das volle Maß dessen, was wir zu fassen vermögen. Wir streben dieser Gottheit zu mit jedem Kraftatom unseres Geistes. Wir wissen, dass wir mehr und immer mehr von diesem Geistschatz (eure Worte decken solche Begriffe nicht mehr) in uns werden aufnehmen können; aber gleichwerden mit dieser Gottheit können wir niemals. Denn ewig bleibt ein Unterschied zwischen absoluter, ewiger Vollkommenheit und gewordener Vollkommenheit, zwischen Unerschaffenem und Erschaffenem.

Vollkommenheit ist das Ziel der Schöpfung. Doch kann kein Wesen mehr als die Vollkommenheit seiner Wesenheit erreichen. Die Geistschöpfung erreicht die Vollkommenheit ihrer Wesenheit; doch kann sie nie die Vollkommenheit anderer Wesenheit erreichen. Erschaffenes, Relatives kann sich nie zu einer Einheit mit Unerschaffenem, Absolutem vermischen."

Hier kommt die alte hermetische Weisheit wieder zum Vorschein: „Ins Licht wirst du eintreten, doch die FLAMME wirst du nie berühren." Alles geschaffene Leben bewegt sich auf unendlichen Bahnen von Herrlichkeit zu Herrlichkeit; doch das geschaffene Licht wird sich nie mit dem URLICHT vereinen. Es gibt Welten über Welten, Sphären über Sphären – die meisten in nicht-materieller Form – die vor den reifenden Seelen liegen. Mag schon das materielle Universum beeindruckend sein, das geistige ist für menschliches Erkenntnisvermögen gänzlich unerfassbar.

Mit den Ausführungen von „Emanuel" erhält die Christologie erstmals eine kosmische Dimension, die später dann von Flower A. Newhouse oder Wellesley Tudor Pole weiter vertieft wird. Dabei weist „Emanuel" seine Zuhörer, für die seine Worte ungeheuer radikal gewesen sein müssen, behutsam darauf hin, liebgewonnene alte Denkschemata aufzugeben.

„Ich möchte keinem Menschen eine Überzeugung nehmen, die ihm den Frieden relativer Wahrheit gibt, denn die Grenzen der Wahrheit erweitern sich von selbst durch den geistigen Fortschritt eines Wesens. … Aber befragt, vermag ich nur die Wahrheit nach dem Lichtkreis meiner Erkenntnis zu geben, denn ich kann zur Schonung einzelner Menschen auch nicht schweigen, da ich die Mission übernommen habe, den Anfang zu machen, eure Begriffe über die Isolierung oder Sonderstellung eurer Erde zu klären.

Eure Erde ist ein Staubatom mit Geistleben, von verhältnismäßig geringem Wert, wie es unzählige Millionen solcher Weltkörper im Weltenall gibt, und konnte als solches unmöglich erkoren werden, der Träger des ewig unteilbaren Gottes zu sein. So wie gewordene Vollkommenheit sich niemals mit ewiger Vollkommenheit vermischen kann, so wenig, nach demselben ewigen Gesetz, kann Gott sich auf einer derbmateriellen Welt verkörpern. Es ist dies eine gesetzliche Unmöglichkeit. Der Urgeist kann sich nicht in Materie kleiden. Eher lassen sich Feuerflammen in Strohgewänder kleiden; denn die Gesetze, durch die Stroh von Feuer verzehrt und aufgelöst wird, sind nur endliche Gesetze und können daher von höheren Kräften aufgehoben werden. Doch das Gesetz der unteilbaren Einheit Gottes ist ewig, und es gibt keine Welterlösung durch die göttliche Menschwerdung nach dem Begriff der heutigen christlichen Kirchen. Christus selbst lehrte dies nie, und die Bewegung der Arianer in der Kindheit des Christentums war eine von reinen Geistern hervorgerufene Bewegung, die das Christentum im Geiste Christi ausbauen wollten."

Die damals heftig umstrittene Frage der „Gottgleichheit" oder der „Gottähnlichkeit" Christi wird hier klar entschieden. Auch die Einzigartigkeit der „Sohnschaft" Christi wird stark relativiert. „Christus war ein rein gebliebener Erstlingsgeist, deren es eine Heerschar gibt, der die Leitung und Heimführung gefallener Wesen übertragen ist. Gottes Gesetze enthalten Erlösung; und eines dieser Gesetze ist die Solidarität der Geister."

Mit Beginn des 20. Jahrhunderts werden die christlichen Kirchen und die von ihnen vertretene Theologie nachhaltig herausgefordert. Mit der gesellschaftlichen Befreiung geht auch eine spirituelle einher, die von nun an nicht mehr umkehrbar ist.

(pm)

10

Rudolf Steiner – Das Christentum als mystische Tatsache

Mit dem Eintritt ins 20. Jahrhundert lösen die Schriften über ein „Kosmisches Christentum" oder sogar eine „Begegnung mit dem Kosmischen Christus" Kontroversen aus, die deutlich heftiger ausfallen als die bekannten Streitigkeiten über ein dogmatisches oder ein mystisches Christentum. Das hängt zum einen mit dem umfangreichen Schrifttum zusammen, zum anderen mit dem Umstand, dass die Autoren in ihrem Lebensumfeld besser dokumentiert sind. Die Biographien von Steiner, Teilhard, Newhouse oder Pole sind weitgehend transparent – was nicht heißt, dass sie deswegen weniger umstritten wären.

An Rudolf Steiner schieden sich die Geister schon zu seinen Lebzeiten auf das heftigste. Ursprünglich von der Literaturwissenschaft kommend, als Mit-Herausgeber von Goethes naturwissenschaftlichen Schriften, vollzog Steiner 1902 eine dramatische Wende und wurde Generalsekretär der Theosophischen Gesellschaft in Berlin. Die Gründe dafür mögen mannigfaltig gewesen sein; doch unstrittig ist, dass Steiner erst nach 1904, in Anknüpfung an die theosophischen Autoren Annie Besant und Charles W. Leadbeater, von einer möglichen „Erkenntnis höherer Welten" sprach. Helmut Zander geht in seiner bahnbrechenden Studie „Anthroposophie in Deutschland" sogar davon aus, dass Steiner seine gesamte „Esoterik" aus der theosophischen Literatur der Jahre 1875 bis 1904 ableitet. Seine Argumentation wirkt in den meisten Themenfeldern schlüssig, auch lässt sich nicht erkennen, dass er sich, wie vonseiten überzeugter Anthroposophen ins Feld geführt, von einer gehässigen oder vorurteilsbehafteten Einstellung leiten ließ. Ich habe mich mit der Anthroposophie an anderer Stelle („Die Botschafter des Lichtes") ausführlich befasst, daher soll hier das Augenmerk ausschließlich auf die Steinersche Christologie gerichtet werden sowie auf die Frage, ob Steiner wirklich auf hellsichtige Beobachtungen zurückzugreifen vermochte.

Seit einigen Jahren erscheint unter der Herausgeberschaft von Christian Clement eine „Kritische Ausgabe" von einigen der wesentlichen Schriften Rudolf Steiners (SKA). Der Verdienst und der Wert dieser Ausgabe liegt vor allem in der ausgezeichneten Dokumentation der verschiedenen Schriften Steiners – und ihrer häufigen Modifikationen. Dies ist vor allem deswegen bemerkenswert, weil Steiner immer wieder betonte, weder sein Denken noch seine zu Lebzeiten veröffentlichten Bücher signifikant verändert zu haben. Das bestreitet selbst der Herausgeber der SKA. Neben diesen wichtigen Nachweisen der Werkänderungen bietet die SKA aber zudem in jedem Band ein lesenswertes Vorwort sowie ein brillante Einleitung von Clement oder anderen sachkundigen Autoren, die eine Reihe wertvoller Hinweise enthält und auf zum Teil unveröffentlichtes Material zurückgreift.

Für unser Thema ist vor allem die Einleitung zu Band 7 der SKA relevant, in der Clement sich mit der Art der Hellsichtigkeit Steiners befasst. Das führt zu bemerkenswerten Feststellungen: „Steiner betonte, dass man Auren nicht wirklich „sehen" und Inspirationen nicht wirklich „hören" könne." (SKA 7, XXIX) Noch deutlicher wird es an einer anderen Stelle: „Während Steiner in den frühen Fassungen von „Wie erlangt man Erkenntnis höherer Welten" der Praxis Besants und Leadbeaters folgte, die Inhalte des imaginativen Bewusstseins als Form- und Farbwahrnehmungen zu schildern, so als handle es sich um ein tatsächliches „Sehen", ging er in späteren Ausgaben dazu über, solche Vergleiche als „Illustrationen" zu charakterisieren, die nicht als „Beschreibungen" zu verstehen seien. In der Imagination „sehe" man nicht wirklich Farben oder Formen, betont Steiner ab 1914 immer wieder." (SKA 7, LXV) Diese Behauptungen lassen nun jeden verblüfft zurück, der sich mit den Wahrnehmungen von feinstofflichen Körpern, Auren, Chakras oder Gedankenformen befasst hat (vgl. Michel – Das illustrierte Aura-Buch). Wenn man sich sorgfältig mit hellsichtigen Menschen (Dora Kunz, Flower A. Newhouse oder Geoffrey Hodson) befasst oder gar unterhält, dann bekommt man ein völlig anderes Bild dieses Vorgangs. Anders als Steiner sagt (SKA 6, CVII), sehen die Betreffenden auf einer feinstofflichen Ebene durchaus konkrete Farben und Formen. Entweder irren sich alle anderen hellsichtigen Autoren der esoterischen Tradition der Gegenwart – oder Rudolf Steiner *war nicht hellsichtig*!

Diesen Vorbehalt sollte man vielleicht verinnerlichen, bevor es darum geht, im Detail Steiners Christologie zu betrachten.

Steiners Gottesvorstellung ist in vielen Passagen seiner Werke seltsam konturlos. In der Frühphase (1886) spricht er sich für einen klaren Pantheismus aus: „Gott ist in der Welt aufgegangen." (Die Natur und unsere Ideale, SKA 2,XIX) In seiner „Geheimwissenschaft im Umriss" neigt er zu einer Art Substanzmetaphysik, wie sie eigentlich eher im indischen Denken des 20. Jahrhunderts vertreten wurde. „Wie der Tropfen sich zu dem Meere verhält, so verhält sich das „Ich" zum Göttlichen." (S.52) Dieser Immanenz-Gedanke taucht immer wieder in Steiners Werk auf. Was der Mensch „als göttlichen Funken in sich trägt, ist von gleicher Art und Wesenheit wie die Gottheit". (Spirituelle Seelenlehre und Weltbetrachtung, S.367 f.) Steiner geht selbst über so radikale Mystiker wie Meister Eckhart hinaus und hebt den Transzendenz-Gedanken, wie er vor allem in der Kabbala immer wieder betont wird, vollständig auf. Das mag damit zusammenhängen, dass Jahve oder Jehovah für Steiner nicht die absolute Gottheit bezeichnen, sondern nur eine „Mondgottheit" oder eine „Volksgottheit". Allerdings tritt diese „Mondgottheit Jehovah" dann als Christus in die Inkarnation. Der ‚Gott' tritt ins Fleisch und verhilft den Menschen, die „mit äußeren Augen vorher niemals einen Gott gesehen haben", nun „mit den Erdensinnen einen Gott zu sehen" – so Steiner in seinem „Johannes-Evangelium" (S.80 f.). Entscheidende Bedeutung kommt hier dem unbestimmten Artikel „einen" zu. Hier inkarniert sich nicht *der* Gott eines Platon oder Plotin, auch nicht *der* Gott eines Origenes, Meister Eckhart oder Cusanus, sondern *ein* Wesen (Lichtgeist), das nur als 'Gott' apostrophiert wird. Rudolf Steiner gebraucht den Begriff „Gott" in äußerster Eigenwilligkeit, und es bedarf in seinem Werk sorgfältigster Prüfung des Zusammenhanges, um die verbale Vielfalt zu entwirren. Das stellt auch Clement in seiner Einleitung zu SKA 8,2, CIX fest, wenn er Steiners ständig wechselnde Beschreibungen des „Christus-Wesens" festhält. Da fällt es selbst dem sachkundigen Steiner-Forscher schwer, zwischen Mondgottheiten, Sonnenwesen und atlantischen Christus-Schauungen zu unterscheiden.

Am 17. Dezember 1912 hält Steiner in Zürich einen Vortrag mit dem Titel „Die Liebe und ihre Bedeutung in der Welt", der später als Einzelausgabe 1976 in Dornach veröffentlicht wird. Darin zeigt sich Steiners Gottesverständnis auf erhellende Weise. „Wenn Gott allmächtig wäre, dann würde er alles das tun, was geschieht, es wäre also die menschliche Freiheit dann unmöglich. Die Allmacht Gottes würde die menschliche Freiheit ausschließen. Die Allmacht der Gottheit ist zweifellos nicht vorhanden, wenn der Mensch frei sein kann." (S.11) Steiner unterliegt hier einem philosophischen Denkfehler, indem er nicht zwischen potenzieller und aktueller Allmacht zu unterscheiden vermag. Er verkennt geradezu das Einzigartige des Schöpfungsmysteriums, dass nämlich der allmächtige Gott dem Geschöpf die Freiheit gegeben hat, auch gegen das göttliche Gesetz zu handeln. Die menschliche Freiheit kann gar nicht mit der göttlichen Allmacht konkurrieren, weil sie sie nicht zu berühren vermag; und die göttliche

Allmacht konkurriert nicht mit der menschlichen Freiheit, weil sie sie nicht einschränken *will*.

Neben der Allmacht spricht Steiner Gott auch die Allweisheit ab, lässt ihm nur noch die Liebe, während er Macht und Weisheit mit Luzifer und Ahriman teilen muss. „Gott ist reine, lautere Liebe, nicht höchste Weisheit, nicht höchste Macht. Gott hat behalten die Liebe, geteilt aber hat er die Macht und die Weisheit mit Luzifer und Ahriman." (S.12)

Die Christosophie

Der Christus steht im Mittelpunkt der Anthroposophie. Er ist die entscheidende Gestalt der Weltentwicklung, und Steiner bemühte sich bis zu seinen letzten Lebensjahren, diesen Anspruch durch eine Fülle von Material zu erhärten. Die Christus-Frage stand am Anfang der Anthroposophischen Gesellschaft, als Steiner sich mittels der sogenannten „Krishnamurti-Affäre", bei der er Annie Besant wider besseres Wissen vorwarf, Krishnamurti als „Reinkarnation Christi" auszugeben, von der Theosophischen Gesellschaft trennte, und sie bestimmte seine letzten Vortragszyklen. Man könnte annehmen, dass diese Christus-Zentrierung Steiner zum natürlichen Brückenbauer zwischen esoterischem Weltbild und Kirchen prädestiniert hätte, doch das Gegenteil war und ist der Fall. Es gibt, wie sich nachstehend zeigen wird, zu viele absonderliche Facetten in Steiners Christus-Bild, dass von der traditionellen Figur des Christus nahezu nichts mehr übrigbleibt.

Als grundsätzliche Unterscheidung und zentrale Komponente der Christosophie Steiners muss die *faktische* Differenz zwischen Jesus und Christus festgehalten werden. Jesus von Nazareth war eine weit entwickelte *menschliche* Persönlichkeit, die sich über viele Inkarnationen hinweg zu ihrer geistigen Größe entwickelt hatte. Christus dagegen „ist eine makrokosmische Wesenheit, die auf der vierten Stufe ihrer makrokosmischen Entwicklung steht, wie der Mensch mikrokosmisch auf der vierten Stufe". (Das esoterische Christentum, S.151) Mit Christus war, wie dargelegt, Jahve, als *ein* Gott, in die Inkarnation getreten; allerdings keinesfalls im Sinne eines trinitarischen Verständnisses.

Mit der Jordan-Taufe zieht der Sonnen-Geist Christus (die Mondgottheit Jehova) in den Körper des Jesus von Nazareth ein, der diesen in seinem dreißigsten Lebensjahr verlässt. Die Verbindung war anfänglich nur „lose", um später immer inniger zu werden. Das makrokosmische Wesen ergreift den mikrokosmischen Körper, dabei aber immer mehr an göttlicher Kraft verlierend. Dadurch, dass Jesus seinen reinen Körper zur Verfügung stellt, vermag der nie zuvor verkörperte Christus in die Inkarnation hinabzusteigen. Der menschliche Jesus zieht sich in andere Sphären zurück, während der Christus seine Aufgabe übernimmt. Steiner beschreibt diese Prozesse in seinen Kommentierungen der Evangelien ausführlich, dabei allerdings immer wieder seltsame Details offenbarend. So vergleicht er beispielsweise den fliehenden Jüngling aus Markus 14,52 mit dem Christus-Impuls. „Wer ist der Jüngling? Wer entweicht da? Wer ist es, der da neben dem Christus Jesus erscheint, unbekleidet fast, und dann unbekleidet entschlüpft? Das ist der junge kosmische Impuls, das ist der Christus, der entschlüpft, der jetzt nur noch einen losen Zusammenhang mit dem Menschensohn hat." (Markus-Ev., S.177) Solche Aussagen stehen in keiner anderen Tradition und lassen den interessierten Leser ein wenig ratlos zurück.

Ähnlich bedeutsam wie die Christus-Jesus-Spaltung ist in Steiners Christosophie die Lehre von den *zwei* Jesus-Knaben. Er unterscheidet einen „nathanischen" und einen „salomonischen" Jesus-Knaben. In letzterem, den Steiner im Matthäus-Evangelium beschrieben sieht, reinkarnierte sich Zarathustra. Er wächst heran bis zu seinem zwölften Lebensjahr, um dann diesen Körper zu verlassen und in jenes des nathanischen Jesus-Knaben, für Steiner im Lukas-Evangelium dargestellt, überzuwechseln. „Noch ist zu bemerken, dass in diesem anderen Körper, in dem jetzt der Geist des Zarathustra lebte, das Eigentümliche war, dass in dessen *Astralleib* der *Buddha* seine Impulse aus der geistigen Welt einstrahlen ließ." (Die geistige Führung des Menschen und der Menschheit, S.75) Hier kommt auch beim unvoreingenommenen Leser eine gewisse Verblüffung auf, doch Steiner lässt es nicht bei der Zarathustra-Buddha-Komponente bewenden. „Diese Schwesterseele des Adam war verkörpert im Krishna sozusagen das einzige Mal, wo sie erscheinen musste, um auch physisch sichtbar zu werden, und dann wiederum wurde sie im Lukas-Jesusknaben verkörpert …; er vereinigte sich mit der Krishna-Kraft, mit dem Krishna selber, um bis zum dreißigsten Jahr heranzuwachsen." (B. Gita und die Paulusbriefe, S.126) Steiner vollbringt das Kunststück, die drei großen Religionsstifter der Vergangenheit in seiner Christus-Gestalt zusammenzumischen. Er steht mit dieser Konstruktion, ohne natürlich dadurch schon falsifiziert zu sein, völlig isoliert in der gesamten esoterischen Tradition in Ost und West.

Um das Mosaik des Erstaunlichen zu komplettieren, präsentiert Steiner seinen Zeitgenossen neben den beiden Jesus-Knaben auch noch zwei Marien und zwei Josephs. „Und es lebt als Nachkomme derjenigen Linie, die wir die nathanische Linie des davidischen Geschlechts nennen, ein Mann unter dem Namen Joseph in Nazareth. Er hat zu seiner Gemahlin eine Maria. Und es lebt ein Nachkomme der salomonischen Linie des David-Geschlechts in Bethlehem, der auch Joseph heißt. … Wir haben also zwei Elternpaare im Beginne unserer Zeitrechnung in Palästina; beide tragen die Namen Joseph und Maria." (Lukas-Evangelium, S.92) Zwischen diesen beiden Paaren kommt es durch Todesfälle zu einer neuen Verbindung. Die leibliche Mutter des nathanischen Jesus-Knaben starb bald, ebenso der Vater des salomonischen. So wurde aus der Mutter des salomonischen

Jesus-Knaben und dem Vater des nathanischen Jesus-Knaben eine neue Familie. In dieser neuen Verbindung vollziehen sich außergewöhnliche Verwandlungen. „Da senkt sich auch wieder das Unsterbliche der ursprünglichen Mutter des nathanischen Jesus herab und verwandelte diejenige Mutter, die in dem Hause des nathanischen Joseph aufgenommen war, und machte sie wieder jungfräulich, so dass die Seele jener Mutter, die der Jesus verloren hatte, ihm bei der Jordan-Taufe wiedergegeben wird." (Lukas-Evangelium, S.112) Hat sich der geistige Sucher durch diese mysteriösen Genealogien hindurch gekämpft und die nathanischen und salomonischen Stammbäume sortiert, muss er die schockierende Wahrheit zur Kenntnis nehmen: „Die Mutter Jesu hieß nicht Maria." (Johannes-Evangelium, S.166)

Es kann nicht verwundern, dass vor allem die Kirchen diese Wendungen nicht mitvollzogen. Weniger kontrovers ist der Grundimpuls der Christosophie. Das Kommen Christi sollte die Göttlichkeit des Menschen enthüllen. Ohne das Herabsteigen des Christus wäre es der Menschheit nicht gelungen, ihren göttlichen Wesenskern zu entfalten. Von daher konnte die Erdentwicklung seit zweitausend Jahren eine andere Richtung nehmen. Die „kosmische Liebe", die bisher nur außerhalb der Erde vorhanden war, hatte sich nunmehr mit der Erde verbunden. Auch wenn Steiner das Wirken Christi in den höheren Welten anspricht, trifft er sich wieder mit anderen „Botschaftern des Lichtes", die über das Wirken einer „Geistigen Hierarchie" berichtet haben.

In Vorwegnahme Teilhardscher Gedanken geht Steiner auch auf die kosmische Bedeutung des Christus ein, den er ja von seinem inneren Wesen als makrokosmische Entität eingestuft hatte. Der Christus wacht nicht nur über die Erde, sondern „durchgeistigt das ganze Sonnensystem". Steiner gelingt es in den kosmischen Aspekten seiner Christosophie, wegweisende Gedanken zu entwickeln. Er betont die permanente Entwicklung des Bewusstseins – was gegen seine monistischen Anfänge spricht – und hebt den Menschen damit empor in kosmische Weiten. Mit Recht bezeichnet er es als „überwältigendes Gefühl der Erhebung" für den Menschen, „wenn er erkennt, wie – gleich seiner Seele und deren Inkarnation und Fortschritten – auch die geistigen Wesenheiten immer höher und höher steigen und immer mächtiger und mächtiger werden. Das gibt das lebendige Gefühl für die Entwicklung." (Das Prinzip der spirituellen Ökonomie, S.164) Damit berührt Steiner die Essenz eines „esoterischen Christentums", das in einer kosmischen Entwicklungsperspektive gipfelt. Flower A. Newhouse und Wellesley Tudor Pole werden diese noch klarer herausarbeiten, ohne sich in Randerscheinungen zu verlieren.

(pm)

11

Pierre Teilhard de Chardin – Simone Weil – Erde und Kosmos

Der Franzose Pierre Teilhard de Chardin (1881-1955) war in bestimmten Teilen seines Wesens ein Repräsentant der Vergangenheit, in anderen ein Mensch der Zukunft. Er beginnt im März 1899 sein Noviziat im Jesuiten-Orden und sollte diesen, trotz permanenter Konflikte, Lehr- und Publikationsverbote nie verlassen. Er wurde 1922 außerordentlicher Professor für Geologie am Institut Catholique in Paris und schien eine große Karriere vor sich zu haben; doch eine Abhandlung Teilhards über die Erbsünde gelangte nach Rom und führte dazu, dass man ihn 1925 ins 'Exil' nach China verbannte. Der Konflikt schwelte, angeheizt durch weitere Werke Teilhards, ununterbrochen weiter. Im August 1947 drohte ihm der damalige Ordensgeneral Janssens sogar mit dem Index. Das hinderte Freunde Teilhards nicht daran, sein ihm wichtigstes Werk „Der Mensch im Kosmos" heimlich in 200 Exemplaren zu drucken. Heute erscheinen diese Streitereien kleinlich und würden niemanden mehr aufregen. Man könnte meinen, es wäre ein Konflikt aus dem späten Mittelalter – doch es ist ein Drama, das Mitte des 20. Jahrhunderts aufgeführt wurde.

Teilhard empfand schon in den Zwanzigerjahren das „Gewicht der Kirche schwer auf seinem Geist lastend". Das ist heute kaum nachzuvollziehen, weil Teilhard einem spirituellen Christentum der Gegenwart selbst eher als Vertreter der Orthodoxie erscheint. Er hielt die

Traditionen des Ostens für „heidnisch" im schlimmsten Sinne, und ihre Mystik empfand er als „Auflösung". Wenn man sich vor Augen hält, dass Teilhard zeitgleich mit Sri Aurobindo lebte, dessen Evolutionsvorstellung nahezu deckungsgleich mit der seinen war, dann erscheint das kaum glaublich. Vor einem Dreivierteljahrhundert konnten spirituelle Persönlichkeiten noch in einer völligen „Glaubensisolation" leben!

Fünf Jahre vor seinem Tod scheint sich die Isolation ein wenig zu lockern, wenn Teilhard in „Das Herz der Materie" weitsichtig schreibt: „Aus struktureller Notwendigkeit – zwischen dem Gott von Oben und einer Art neuem Gott von Vorn – fand sich auf dem letzten Grund meiner Seele (und allgemeiner, davon bin ich überzeugt, auf dem letzten Grund einer jeden modernen Seele) ein Kampf angelegt durch die endgültige Koexistenz und die unaufhaltsame Annäherung des kosmischen und des christlichen Sinns in meinem Herzen." Diese kosmische Komponente seines Christentums empfand er als stärksten Gegensatz zum Dogma der Katholischen Kirche. Wie weit diese Entfremdung ging, wird deutlich, wenn man die „Rechtfertigungsschrift" seines bekannten Mitbruders Henri de Lubac („Der Glaube des Teilhard de Chardin") einer sorgfältigen Prüfung unterzieht. Das 1968 erschienene Buch weist im Impressum noch die „Druckerlaubnis des Erzbischöflichen Ordinariates Wien" auf, wurde also gewissermaßen von der innerkirchlichen 'Inquisition' auf seine Rechtgläubigkeit überprüft. Wenn man de Lubac liest, der sorgfältigst Teilhards Texte gemäß römischem Dogma und Katechismus abklopft und zufrieden feststellt, dass dieser noch immer an die ewige Verdammnis glaubt (S.73); und dieses Werk mit einer anderen Biographie, nämlich jener von Günther Schiwy, vergleicht, der Teilhard als modernen Mystiker und weltoffenen Geist darstellt – dann ahnt man, welche Konflikte um Teilhard in der römischen Kirche entbrannt waren.

Günther Schiwy, der einst selbst Mitglied des Jesuitenordens war (1952-1970), verließ die „Gesellschaft Jesu", um nicht nur zu heiraten, sondern sich auch einem freieren Christentum zuzuwenden, das 1990 in seinem visionären Werk „Der kosmische Christus" gipfelte. Schiwy, der meisterhafte Teilhard-Biograph, ging den Weg weiter, den Teilhard nicht gehen wollte oder nicht gehen konnte. Die Evolution entfaltete das, was in ihr schon von Anbeginn angelegt war – und sie gipfelte für Teilhard im universellen Christus. Eigenartigerweise scheint ihm nie der Gedanke gekommen zu sein, die Evolution könne nur den zweiten Schritt nach einer Involution darstellen. Einer Involution des Geistes, die entweder durch einen schöpferischen göttlichen Akt oder durch einen „Fall" eingetreten war. Desweiteren fehlt in seiner Idee einer „Evolution zum Punkt Omega" der Reinkarnationsgedanke. Was hat der Neandertaler davon, dass Teilhard eine Vision des Universellen Christus zuteil wird, wenn er selbst an dem ganzen evolutiven Prozess nicht beteiligt wird. Was ist das Schicksal des Neandertalers, nachdem er seinen physischen Körper abgelegt hat? Eine Frage, der Teilhard leider keinerlei Aufmerksamkeit widmet.

Im Zusammenhang mit der Inkarnation Christi denkt Teilhard die Verwandlung der Welt, bis hin zu „Atomen, Elektronen und Elementarteilchen". („Mein Universum") Christus beseelt alles, von der „letzten Schwingung der Atome bis zur höchsten mystischen Kontemplation". Dieser kosmische Prozess, den Teilhard in seiner tiefsten Schau zu erahnen scheint, spielt sich für ihn aber offensichtlich immer innerhalb seines Christentums ab. Es beeinflusst weder die „Heiden" noch stellt sich Teilhard die Frage, was mit den vorchristlichen Geschlechtern geschehen ist, die ja nicht durch den Reinkarnationsprozess in diesen Strom des Kosmischen Christus eintreten können. Dieses Defizit – gleichsam die große göttliche Ungerechtigkeit – ist der Elementarfehler in Teilhards „Theologie"!

In seiner Bekenntnisschrift „Mein Glaube" legt Teilhard Anfang der Dreißigerjahre die Grundzüge seines Christus-Verständnisses dar. „Ich glaube, das Universum ist eine Evolution. Ich glaube, die Evolution geht in Richtung des Geistes. Ich glaube, der Geist vollendet sich im Personalen. Ich glaube, das höchste Personale ist der Christus-Universalis." Schon im Jahr 1920 hatte Teilhard in Paris einen Text über den „Christus-Universalis" verfasst, den Schiwy auszugsweise in sein „Teilhard-Lesebuch" aufgenommen hat. In diesen Auszügen wird deutlich, dass Teilhard ein Christus-Bild hat, das in seiner Essenz ganz nahe an Jakob Böhme oder Jakob Lorber reicht.

„Unter Christus-Universalis verstehe ich Christus als das organische Zentrum des ganzen Universums:

- als *organisches Zentrum*, das heißt als das Zentrum, an dem letzten Endes physisch die ganze, selbst die natürliche Entwicklung hängt;
- des *ganzen* Universums, das heißt nicht nur der Erde und der Menschheit, sondern des Sirius, der Andromeda, der Engel, aller Wirklichkeiten, von denen wir nah oder fern physisch abhängen (das heißt wahrscheinlich alles teilhabenden Seins);
- und noch einmal *des ganzen Universums*, das heißt nicht nur des sittlichen und religiösen Bemühens, sondern gleichfalls von all dem, was dieses Bemühen voraussetzt, nämlich von jeglichem Wachsen des Leibes und des Geistes." („Lesebuch", S.228)

Mit dieser Christologie erweist sich Teilhard de Chardin eher als Mensch des Spätmittelalters, denn als ein Mystiker der Neuzeit. Obwohl er als Naturwissenschaftler auf der Höhe seiner Zeit war, gelingt es ihm nicht, diese Seite mit seiner jesuitischen Ordensbindung zu versöhnen. Er bleibt, obwohl evolutionistisch und kosmisch denkend, doch in letzter Konsequenz ein rechtgläubiger Jesuit.

Simone Weil

Die radikale Französin Simone Weil, die leider schon als Vierunddreißigjährige (1909-1943) diesen Planeten wieder verließ, war einerseits eine Zeitgenossin und Landsfrau von Teilhard, andererseits war sie gleichsam ein Gegenentwurf zu ihm. Sie entstammte einer jüdischen Familie, wurde zu einer exzellenten Kennerin der abendländischen Philosophie, mit einer besonderen Liebe zu Pythagoras und Platon, entdeckte dann die Schätze der morgenländischen Weisheit und mündete in ein mystisches Christentum, das von grenzenloser Freiheit und Offenheit charakterisiert war. Obwohl sie die Theosophie ablehnte – die sie vielleicht gar nicht wirklich gekannt hatte – war sie im Grunde eine wunderbare Theosophin, die eine universelle Spiritualität pflegte und einem Freiheitsideal zuneigte, das auch ein Krishnamurti nicht radikaler hätte formulieren können.

Angelica Krogmann geht daher in ihrer noch immer lesenswerten Biographie von Simone Weil (rororo, rm 166, S.137) kurz auf diesen diametralen Gegensatz von Weil und Teilhard ein: „Niemals hätte sich Simone Weil mit Teilhard darin geeinigt, dass die Sublimierung der Noosphäre als ein quasi naturnotwendiger Vorgang durch evolutionäre Einrollung stattfinden könne oder gar müsse." In ihren Briefen an Pater Couturier wird sie noch deutlicher, wenn sie den Absolutheitsanspruch des Christentums vollständig zurückweist: „Die katholische Religion enthält explizit Wahrheiten, die andere Religionen implizit enthalten. Aber umgekehrt enthalten andere Religionen explizit Wahrheiten, die im Christentum nur implizit sind. Auch der besser unterrichtete Christ kann noch viel über die göttlichen Dinge aus anderen religiösen Traditionen lernen, obwohl das innere Licht

ihn alles auch durch die seinige wahrnehmen lassen kann. Nichts-
destoweniger, wenn diese anderen Traditionen von der Erdoberfläche
verschwänden, wäre das ein unersetzlicher Verlust." (Wimmer, Simone Weil, S.158) Diese Worte entsprechen exakt den „drei Zielen"
der Theosophischen Gesellschaft, die jenen „Dialog der Religionen"
schon bei ihrer Gründung im Jahre 1875 in den Mittelpunkt stellte.

Simone Weil richtete ihr Interesse daher nicht nur auf die vorchristli-
che, vorsokratische Philosophie und die frühen Mysterienreligionen,
sondern auch auf Hinduismus oder Taoismus. Sie ging sogar so weit,
in Osiris, Krishna oder dem Priesterkönig Melchisedek „vorchristli-
che Inkarnationen des Logos" anzuerkennen. Teilhard hätte sie dafür
zu den „Verworfenen" gezählt!

Doch Simone Weil war von einer universellen Christusliebe berührt
worden, die frei von jeglicher Dogmatik leuchtete und für die es un-
vorstellbar blieb, nicht alle Wesen und Geschöpfe miteinzubeziehen.
Sie richtete den Blick ins Universum, wie es ja auch Teilhard getan
hatte, aber sie schaute frei und ungebunden von zweitausend Jahren
kirchlicher Unterdrückung und Engstirnigkeit. Obwohl sie sich ausdrücklich von ihrer jüdischen Vergangenheit distanziert hatte, weist
Maja Wicki-Vogt in ihrem brillanten Artikel „Jüdisches Denken in
geleugneter Tradition" (Schlette/Devaux – Simone Weil, S.137 ff.)
überzeugend nach, wie stark Simone Weil von einer lurianischen
Kabbala geprägt war. Selbst die mystischen Tendenzen einer von
Christus initiierten „Unio Mystica" deutet sie als Vollendung des alt-
testamentarischen Gedankens der „Ebenbildlichkeit Gottes".

Simone Weil hätte wenig Sympathie für Einordnung oder gar Kate-
gorisierung gezeigt. Sie wollte frei sein und eine gänzlich ungebunde-
ne Spiritualität leben. Wenn sie einen religiösen, spirituellen, mystischen Impuls verspürte, dann kam dieser spontan und gänzlich ohne
dogmatische Vorgabe, wie im Jahr 1937 in Assisi. Sie schreibt darüber

1942 an Pater Perrin: „Als ich dort in der kleinen romanischen Kapelle aus dem zwölften Jahrhundert von Santa Maria degli Angeli, diesem unvergleichlichen Wunder an Reinheit, wo der hl. Franz so oft gebetet hat, alleine war, zwang mich etwas, das stärker war als ich selbst, mich zum ersten Mal in meinem Leben auf die Knie zu werfen." (Simone Pétrement, Simone Weil, S.428) Solche Erfahrungen verwandelten die junge Frau, ohne sie zu bekehren. Eine Bekehrung oder gar ein Übertritt in eine Glaubensgemeinschaft hätte für sie sogar einen Verrat an Christus bedeutet, der ihr diesbezüglich „keine Wahl ließ", wie sie kurz vor ihrem Tod bekennt.

Simone Weil war eine Christus-Mystikerin ohne Christentum! Das Christentum, wie alle verfassten religiösen Bekenntnisse, war ihr nicht kosmisch, nicht universell genug. Sie hatte ein anderes Verständnis von den „Kindern Gottes": „Die Kinder Gottes sollen hienieden kein anderes Vaterland haben als das Universum selbst; mit der Gesamtheit aller vernunftbegabten Geschöpfe, die es enthalten hat, enthält und enthalten wird. (…) Unsere Liebe soll sich ebenso weit durch den gesamten Raum erstrecken…" (Pétrement, S. 644) Simone Weil war wahrhaft eine Pionierin für ein neues, freies, kosmisches Christentum. Sie war nur der Wahrheit und der Liebe verpflichtet!

(pm)

12

Pater Pio – Heiler und Heiliger

„Demut ist Wahrheit, Wahrheit ist Demut.“
- PATER PIO -

Pater Pio hat seine letzte Inkarnation am 23. September 1968 beendet; aber noch mehr als ein halbes Jahrhundert danach gibt es keine andere spirituelle Persönlichkeit, die im religiösen Leben Italiens, von Alto Adige bis nach Sizilien, so präsent ist wie der einfache Kapuzinerpater aus Apulien. Als er am 16. Juni des Jahres 2002 von Papst Johannes Paul II. heiliggesprochen wurde, vermochte niemand die Menschen zu zählen, die sich auf dem Petersplatz und auf der an ihn grenzenden Via della Conciliazione versammelt hatten. Es war die größte Heiligsprechungsfeier in der Geschichte der Katholischen Kirche.

Man mag über die Verehrung der Heiligen denken, was man will, bemerkenswert an der Feier zu Ehren Pater Pios war, dass sie Menschen aus zahlreichen Ländern, aus allen Gesellschaftsschichten und aus weit auseinanderliegenden Bildungskreisen vereinte. Seit Franziskus hat es wohl keine so charismatische Persönlichkeit in der christlichen Welt mehr gegeben, die vom Papst bis zur einfachen Bäuerin alle Menschen im Innersten ihres Wesens zu berühren vermochte.

Wenn man heute, ein halbes Jahrhundert nachdem Pater Pio seine irdische Hülle verlassen hat, nach San Giovanni Rotondo reist, dann kann man noch immer auf bewegende Weise erspüren, welches

Kraftfeld diesen Mann umgeben haben muss. Man kann es unschwer an den bewegten Mienen der zahllosen Pilger ersehen, die hinauf ins Gargano-Gebirge kommen, aber vor allem kann man es im Umfeld seines alten Beichtstuhles wahrnehmen. Da die meisten Besucher sofort in die Krypta hinabsteigen, wo Pater Pio aufgebahrt ist, übersehen sie die kleine vorgelagerte Seitenkapelle, wo sein alter Beichtstuhl steht. Heute befindet er sich hinter Glas, weil seine Verehrer ihn ansonsten wohl über die Jahre in kleinen Stücken abgebaut hätten. Reliquien üben offenbar einen unsterblichen Zauber aus.

Wenn man sich vor diesem Beichtstuhl in die Meditation begibt, umfängt einen in der Stille diese auf wundervolle Weise heilsame Schwingung, die Pater Pio zu Lebzeiten umgeben haben muss. Es ist schwer vorstellbar, dass jemand nicht diesen göttlichen Segen empfindet, der auf dem Leben und Wirken dieses so einfachen und bescheidenen Mannes gelegen haben muss – und noch immer liegt. Es ist vielleicht gerade diese Einfachheit und Bescheidenheit, welche die Grundvoraussetzung war, um ein so einzigartiger Heiliger und Heiler zu werden.

Pater Pio hatte schwere Jahre und zahlreiche Anfeindungen zu überstehen, bis sich die einflussreiche Opposition, die sich gegen ihn formiert hatte, geschlagen geben musste. Die wunderbaren Folgen seines Wirkens waren so überzeugend, dass selbst ernsthafte Zweifler ihre Bedenken gegen den demütigen Kapuzinermönch aufgaben. Entscheidend für das segensreiche Wirken Pater Pios war der 16. Juli 1933. Trotz vieler Gutachten und Zeugnisse, die für ihn sprachen, war es einem seiner größten Gegner, Pasquale Gagliardi, dem Erzbischof von Manfredonia, gelungen, den Papst dahingehend zu beeinflussen, Pater Pio endgültig zu suspendieren. Zu diesem Anlass berief Pius XI. das Heilige Offizium ein. Was dort geschah, wird von den Beteiligten wie folgt überliefert:

„Ein Kapuziner kam langsam, aber sicheren Schrittes, mit in den Ärmeln verborgenen Händen herein. Der Mönch ging geradewegs auf den Papst zu, küsste ihm den Fuß und bat ihn dann mit folgenden Worten: „Heiligster Vater, lassen Sie dies zum Wohl der Kirche und der Seelen nicht zu!" Er bat ihn um den Segen, küsste wieder den Fuß des Papstes, erhob sich und ging hinaus.

Als die Versammlung sich von ihrer Verblüffung erholt hatte, gab es einige Erregung, und einige gingen hinaus, um nachzuschauen und die Wachen zu befragen, warum sie gegen die offizielle Anordnung den Mönch hätten passieren lassen. Die Wachen waren in höchstem Grade erstaunt und versicherten, niemanden gesehen zu haben. …

Der Papst hob unverzüglich die Sitzung auf und gab Kardinal Silj den Auftrag, sofort nach San Giovanni Rotondo zu fahren, um den Guardian des Konvents zu befragen, wo Pater Pio sich an diesem Tag und zur Zeit der Versammlung aufgehalten habe. Er setzte jedoch kategorisch hinzu: „Und teilen Sie ihm mit, dass er die heilige Messe wieder frei in der Kirche feiern darf!"

Der Guardian versicherte dem Kardinal, Pater Pio habe nach Erlass der Dekrete des Heiligen Offiziums den Konvent niemals verlassen und habe sich an jenem Tag und zu jener Stunde zum Stundengebet im Chor befunden." (Clausner, Pater Pio, 77 ff.)

Es ist erstaunlich, dass seitens der Katholischen Kirche das Phänomen der Bilokation, das sonst eher aus esoterischen Traditionen bekannt ist, ohne zu zögern angenommen worden ist. Vielleicht spricht es für die keinen Widerspruch zulassende Autorität von Pater Pio, dass seine Fähigkeit, an zwei Orten gleichzeitig sein zu können, nicht zu bezweifeln war. Ganz offensichtlich konnte er, im Gebet versunken, seinen Astralkörper aussenden, verdichten und vor dem Papst und den Kardinälen erscheinen und für seine geistige Bestimmung wirken. Er dürfte diesen 'Auftritt' mit Bedacht gewählt haben, denn wäre er nur dem Papst allein erschienen, hätten seine Gegner wohl auch dessen Zeugnis in Zweifel gezogen. Aber die ganze Versammlung zu Verblendeten zu erklären, war beim übelsten Willen nicht mehr möglich. So vermochte Pater Pio sein segensreiches Wirken fortzusetzen.

Eines der weiteren großen Geheimnisse Pater Pios waren seine „Kontakte" zu den ungewöhnlichsten Persönlichkeiten, die teilweise auf einer „inneren Ebene" stattfanden. Zu diesen Kontakten zählte auch ein so einflussreicher Mann wie Wellesley Tudor Pole, dessen Namen wahrscheinlich keiner seiner Mitbrüder je im Leben gehört haben wird. Pole war so etwas wie die „graue Eminenz" der spirituellen Bewegung in England und während des 2. Weltkrieges der geistige Berater Churchills. Und dieser Mann war mit Pater Pio befreundet!

Anlässlich eines persönlichen Besuches in Italien wurde Pole Zeuge einer jener außergewöhnlichen Heilungen, die Pater Pio immer wieder zu vollbringen vermochte und die letztlich zu seiner einzigartigen Popularität beitrugen.

Pole weilte mit Pater Pio in der Sakristei, als eine Bäuerin eintrat. Pole schildert das weitere Geschehen wie folgt:
„Die Bäuerin trug ein sehr gebrechliches siebenjähriges Mädchen auf ihren Armen. Ihr Mann folgte ihr und erzählte mir, dass ihr Kind von Geburt an stumm und gelähmt sei und niemals habe gehen und sprechen können. Das Kind war völlig abgezehrt und schien bewusstlos zu sein. Pater Pio veranlasste, dass eine Wolldecke auf den Steinfußboden der Sakristei gelegt wurde, und sagte der Mutter, sie solle ihr Kind darauf legen. Dann besprengte er die anscheinend leblose Gestalt der Kleinen mit Wasser und versenkte sich lange in ein stilles Gebet. Schließlich sagte er auf Lateinisch: „Stehe auf und gehe!" Das Kind rührte sich, öffnete die Augen, lächelte und setzte sich auf. Beide Eltern lagen betend und weinend auf den Knien. Dann nahm Pater Pio das Kind an der Hand und half ihm sehr behutsam aufzustehen.

Die Kleine stieß wortlose Laute des Glückes aus und war imstande, ein paar Schritte in die Arme der Mutter zu taumeln. Als ich sechs Monate später die Dorfschule von Monte San Angelo besuchte, sah ich das Mädchen gesund und fröhlich im Schulhof spielen." (Clausner, 58 ff.)

Pater Pio war, wie sein großes Vorbild Franziskus, ein vollkommener Nachfolger Christi. Er lebte ganz aus seinem Herzen heraus, mit einer schier unbegrenzten Liebe zu seinen Mitmenschen und mit einer Demütigkeit, die ihresgleichen sucht. Er hatte kein leichtes Leben. Er musste gegen extreme Anfeindungen auf der äußeren Ebene kämpfen, und seine Kämpfe auf den inneren Ebenen können wohl nur jene erfassen, die ebenfalls dort zu wirken vermögen. Ein Wallfahrer, der Pater Pio bei der Messe erlebte, fasste einmal in einem Satz zusammen, was das Mysterium seines Wirkens auszeichnete: „Als Pater Pio aus der Sakristei trat, tief gebeugt, die Augen halb geschlossen, da wurde die kleine Kirche von einer heiligen Atmosphäre erfüllt – mit ihm war Christus selber eingetreten." (Clausner, 87)

(pm)

13

Wellesley Tudor Pole – Erinnerungen an Jesus von Nazareth

Mit dem Engländer Wellesley Tudor Pole (1884-1968) treffen wir auf eine Person, die ihre Verbindung zu Jesus von Nazareth oder zum Kosmischen Christus nicht nur auf innere, mystische, seherische Erfahrungen zurückführt, sondern auch auf persönliche *historische* Erinnerungen. Ein kurzer Einblick in die Schauungen von Tudor Pole stand bereits am Anfang dieses Buches; aber aufgrund ihrer besonderen Eindrücklichkeit werden diese hier nochmals angeführt.

WTP, wie er nur genannt wurde, gab an, sich aus einer früheren Inkarnation heraus an Erlebnisse mit Jesus erinnern zu können. Gleiches trifft im kommenden Kapitel auch auf die amerikanische Mystikerin Flower A. Newhouse zu. Damit bekommt unser Teil I, der die geschichtlichen Quellen aufzuarbeiten versucht, eine völlig neue Dimension. Dieser Aspekt der *persönlichen Erinnerung* ist so außergewöhnlich, dass hier vielleicht einige Sätze vorangestellt werden müssen.

Während ich Flower Newhouse persönlich erlebt habe und mich für ihre Seriosität und Glaubwürdigkeit verbürgen kann, lebt WTP heute vor allem durch Chalice Well, sein einzigartiges Zentrum in Glastonbury, sowie durch seine Werke weiter. Wer jemals das von ihm aus der Erinnerung nachgebaute Abendmahlszimmer, den sogenannten „Upper Room", betreten und die „blaue Schale" in den Händen gehalten hat, wird die Frage nach Wahrhaftigkeit oder Glaubwürdigkeit nicht mehr stellen. Die Heiligkeit des Augenblicks beantwortet alle Fragen!

WTP wurde natürlich immer wieder gefragt, inwieweit sich seine Berichte auf persönliche Rückblicke oder auf die Erinnerungen Dritter stützten. Er hat in seinen bewegenden „Erinnerungen an Jesus von Nazareth" eine ausführliche Antwort gegeben: „Mir ist bewusst, dass ich diese Frage zu meiner eigenen Zufriedenheit beantworten kann, obwohl ich nicht fähig bin, diese Antwort in Worte zu kleiden, die von anderen verstanden werden könnten. Der Bericht selbst enthält gewisse Anhaltspunkte dafür, welche Aspekte der beschriebenen Ereignisse unmittelbar wiedererlebt und welche als Gedanken und Gefühle anderer betrachtet werden mögen, die meinen Weg kreuzten. – Mehr vermag ich dazu nicht zu sagen. – Vor einem Punkt soll in dieser Sache jedoch eindringlich gewarnt werden. Während die kosmische Aufzeichnung selbst genau, wahrheitsgetreu und unzerstörbar ist, mögen sich die persönlichen Erinnerungen bisweilen als fehlerhaft, unvollständig oder voreingenommen erweisen, was auf Wunschdenken oder bestimmte Eigenarten des menschlichen Selbst zurückzuführen ist. Ich möchte nicht für meine Unfehlbarkeit werben. Dennoch erkenne ich keinen guten Grund dafür, warum wir nicht die Früchte individueller Erinnerung miteinander teilen sollten, da wir auf diese Weise einander vielleicht auf dem Weg helfen können, der am Ende zur Erleuchtung und zum Frieden führt." (Erinnerungen, 42 f.)

WTP und Flower Newhouse kannten sich nicht. Letztere würde diese Aussage aber uneingeschränkt unterstützt haben; und wie sich zeigen wird, decken sich ihre persönlichen Erinnerungen in nahezu allen Aspekten.

WTP war während der Ereignisse in Palästina ein Geschäftsmann mit syrisch-griechischen Wurzeln, der Jesus nur an einigen wenigen

Tagen seines Lebens getroffen hat. Über einen Ausflug in die Berge oberhalb des Sees Genezareth, auf dem er Jesus begleitet hatte, berichtet WTP: „Gegen Abend dieses Tages lernte ich vieles, von dem ich endlich anderen mitteilen darf – die wahre Bedeutung des Lebens, der Zeit und der Ewigkeit. Die unüberwindliche Macht selbstloser Liebe und was Mitgefühl wirklich ist. Die Bedeutung der Stille, des großen Schweigens. Die Einheit des Lebens in jedem der sieben Naturreiche und die unendliche Majestät des gesamten Universums. … Wie wenig nahm ich damals in mich auf oder verstand es! Und wie lange hat allein der Versuch gedauert, in die Tat umzusetzen, was mir damals aufgetragen wurde!" (Erinnerungen, 56)

Man muss vielleicht WTP's sämtliche Werke gelesen oder Chalice Well besucht haben, um die unbestechliche Authentizität dieses Mannes wirklich zu erfassen. WTP lebte offensichtlich aus einer inneren Kraft heraus, die ihn trug und die ihm half, sämtliche Herausforderungen seines außergewöhnlichen Lebens zu meistern. Es dürfte nicht zuletzt seine geistige Stärke gewesen sein, die Churchill, dessen Berater er war, die existenzielle Bedrohung des Jahres 1940 meistern ließ. WTP war auch der Begründer der berühmten „Gebetsminute", von der führende Nazis bei späteren Verhören meinten, die Engländer hätten über eine „okkulte Kraft" verfügt, der sie nicht gewachsen waren. WTP war also keinesfalls ein weltabgewandter Träumer, sondern ein mit beiden Beinen im Leben stehender Mann, der in zwei Weltkriegen an und hinter der Front Bemerkenswertes leistete.

Neben den im eigentlichen Sinne „mystischen" Erkenntnissen über die Geschehnisse vor zweitausend Jahren, sind es vor allem die Erinnerungen an die kleinen alltäglichen Begebenheiten, die WTP so glaubwürdig erscheinen lassen. „Ein unvergesslicher Eindruck von Jesus kehrt zu mir zurück. Er ist achtzehn Jahre alt und trägt bereits einen leichten Bart. Als er an den Ufern des Jordan (in jenen Tagen ein größerer und tieferer Fluss) umherstreift, entdeckt er einen jungen Hasen, der verwundet am gegenüberliegenden Ufer liegt. Ich beobachte ihn, wie er entblößt, gelassen und aufrecht da steht, bereit, ins Wasser zu springen und den Fluss zu überqueren, um ihm zu Hilfe zu eilen. Die lebenssprühende und energievolle Gestalt im Sonnenlicht gleicht eher einem jungen griechischen Gott als dem Sohn jüdischer Eltern aus der Provinz, die dem Mittelstand angehören. Er nimmt das verwundete Tier in seine Arme. Fast augenblicklich ist die Verletzung geheilt, und der Hase springt voller Freude über die wiedergewonnene Freiheit davon. In diesem Augenblick bemerke ich die helle, magnetische Aura, die die Hände Jesu umgibt, eine Eigenschaft, die ihm während seines Wirkens in den folgenden Jahren von Nutzen sein wird. Bei einer späteren Gelegenheit war es mir möglich, die Heilkraft aus seinen Augen strömen zu sehen." (Erinnerungen, 46 f.)

Tiere und die Natur insgesamt bedeuteten dem jungen Jesus viel. Er lebte aus einer inneren Einheit heraus, die niemandem verborgen blieb, der ihn einmal getroffen hatte. WTP beschreibt diese Verbundenheit anhand eines Erlebnisses, das er mit Jesus in der Nähe von Tyrus hatte. „Wir wanderten zum Dorfbrunnen hinauf. Er ließ sich neben ihm nieder und bat mich, die Nachbarskinder herbeizuholen. Wir setzten uns im Kreis um ihn herum, und er begann, Wunderdinge über Vögel, Blumen und Bäume zu erzählen, wie er mit ihnen sprach und lebte; wie er mit den Fischen redete und in deren Wesen und Leben eintrat, wenn er in Galiläa und Jordanien zum Schwimmen ging. – Später kamen meine Mutter und mehrere andere Frauen zum Brunnen, um die Wasserkrüge zu füllen. Jesus half ihnen, das Wasser hochzuziehen. Er segnete die Krüge und das darin enthaltene Wasser. Meine Mutter schickte mich in die Wirtschaft, um den Vater zu holen, damit er nach Hause komme und das von Jesus gesegnete Wasser mit uns teile. – Diese beiden glücklichen Tage werde ich in alle Ewigkeit niemals vergessen." (Erinnerungen, 63)

WTP schildert in seinen „Erinnerungen" sowie in seinem Buch „Jesus von Nazareth und das esoterische Christentum" und in den später veröffentlichten „Briefen eines Eingeweihten" in vielen Details die Lebensjahre Jesu. Darin macht er deutlich, dass Jesus auf „normale" Weise empfangen wurde. „Das „Dogma von der jungfräulichen Geburt" ist ein Mythos. Die Samenzelle beider Menscheneltern wurde jedoch von einer ganz besonderen geistigen Schwingung durchdrungen – oder wenn du einen theologischen Begriff vorziehst – der Hl. Geist stieg in die Fortpflanzungszellen hinab, bevor die Empfängnis stattfand." (Briefe, 196) Er wuchs in einer normalen Familie auf, die nicht zum „inneren Kreis" der Essener gehörte und ihm auch kein geistiges Wissen vermitteln konnte. Das erhielt er später an anderen Orten. Jesus besaß Geschwister, leibliche und adoptierte, von denen eine Schwester früh starb. Auch sind seine angeblichen Reisen nach Indien oder Britannien nur Legenden. Wenn Jesus seinen Körper verließ, was er nach WTP häufig tat, begab er sich in seinen höheren Körpern an jene Orte, die ihm wichtig waren. Alle Plätze, an denen Jesus wirkte, weisen noch immer seine Schwingung auf. Sie haben sich der „planetarischen Äther-Ebene" eingeprägt und wirken von dort auch weiterhin zum Segen der gesamten Menschheit. Sie sind „das Licht der Welt"!

Die Berichte WTPs über das alltägliche Leben des Jesus von Nazareth sind wunderbar berührend. Sie lassen das Leben in Palästina zur Zeitenwende gleichsam unmittelbar greifbar und nachvollziehbar werden. Weltgeschichtlich bedeutsamer sind allerdings seine Ausführungen über den kosmischen Aspekt seines Lebens – der Jesus als Christus. Wie später Flower Newhouse, schildert auch WTP Jesus stets als kraftvolle, beeindruckende Persönlichkeit, die er auch bis zum Ende seines Weges blieb. Aus seiner Rückschau heraus zeichnet WTP dann ein Bild von Kreuzigung und Auferstehung, das weit von allen orthodoxen Darstellungen abweicht. „Gott sei Dank sind

Jesu Leiden am Kreuz nicht so unaussprechlich grauenvoll gewesen. Wenn die Qual zu groß wurde, glitt er aus seinem physischen Körper und war dadurch vorübergehend von seiner unerträglichen Pein befreit. (Wie ich aus eigener Erfahrung weiß, gelingt diese selbst geringeren Sterblichen. Im Krieg wie auch in Friedenszeiten bin ich oftmals in dieser Weise verfahren und habe auf das Nachlassen des akuten Schmerzes gewartet.) Außerhalb seiner physischen Hülle stehend, vermochte er das entsetzliche Leiden der beiden Diebe zu erleichtern, die mit ihm gekreuzigt wurden." (Erinnerungen, 112) Wenn man die Christus-Kraft berücksichtigt, die in Jesus zum Ausdruck kam, dann muss auf das ganze Martyrium mit neuen Augen geblickt werden.

„Jener Anteil des unendlichen Christus-Prinzips, der sich in der Aura von Jesus individualisierte und seinen Geist und seinen Körper durchdrang, konnte schon aufgrund seiner Natur der Kreuzigungserfahrung nicht unterworfen werden. Wenn es Jesus weiterhin überschattet hätte und in ihm gewesen wäre, hätte es keinen Kreuzigungs-"Tod" gegeben, sondern ein Wunder der Erlösung. (Wenn dieser Satz einen begrifflichen Widerspruch zu enthalten scheint, menschlich gesprochen, dann kann ich nichts dafür!)

Als sich daher die letzte Stunde näherte, begann sich der Christus allmählich zurückzuziehen, seine gewaltige „Individualisation" aufzugeben und wieder mit dem kosmischen Prinzip zu verschmelzen. Es war in diesem Augenblick, dass ein Gefühl der Einsamkeit (und sogar des Versagens) Jesus überkam und ihn diesen schmerzvollen Schrei der Verlassenheit hervorstoßen ließ." (Erinnerungen 113 f.)

Da der Körper Jesu von den Schwingungen des Kosmischen Christus vollkommen durchdrungen war, konnte er im normalen Sinne des Wortes nicht „sterben". WTP schildert dann den später „Auferstehung" genannten Prozess. „Als das Gefühl der Verlassenheit am Kreuz vorüberging, erlaubte er den Christus-Schwingungen, neue Kraft zu gewinnen … und nach einer gewissen Zeit im Grab kehrte wieder Leben in ihn ein, und er vermochte die Leichentücher zu entfernen und sich als Geistwesen zu befreien. Dies geschah infolge des inneren Christus und ohne auf den physischen Körper einzuwirken und ihn aufzulösen – wie es mit allen Dingen geschieht, die unter der Macht des Christus stehen.

Doch er erkannte den großen Verlust und das Elend, das sein Schicksal seiner irdischen Mutter brachte. Deshalb nahm er bei verschiedenen Gelegenheiten einen Körper an und bat die Jünger, diesen nicht zu berühren, doch er erschien ihnen ganz deutlich. Dabei handelte es sich um eine Manifestation der vollständigen Integration von Geist, Seele und Körper. Sie bildete eine Weile ein Ganzes. Dennoch erkannten die Jünger seinen neu gebildeten Körper nicht. Erst beim Brotbrechen zog sich der Geist ein wenig zurück, und der physische Aspekt trat in den Vordergrund." (Erinnerungen, 178 f.)

In der Zwischenzeit hatte Jesus eine Aufgabe in den inneren Dimensionen zu bewältigen, indem er eine neue kosmische Grundschwingung auf dem Planeten Erde verankerte. „Jesus führte diesen Verankerungsprozess nach der Kreuzigung durch, während seines Aufenthaltes in der Unterwelt (nicht Hölle). Dies ist wörtlich zu verstehen, denn der Vorgang vollzog sich im Untergrundbereich unseres Planeten, in den Tiefen der Erde. Der beschleunigte Rhythmus, den er bereits „geerdet" hatte, wurde in einer Weise verankert, die so lange die Dauerhaftigkeit sicherstellen sollte, bis die nächste Änderung in der Wellenlänge des Rhythmus notwendig werden würde." (Esot. Christentum, 34 f.)

Die Christus-Kraft wollte eine globale Transformation auslösen. Ihr Wirken war völlig unpersönlich ausgerichtet und hatte nicht das Geringste mit der etwas seltsamen Vorstellung zu tun, Jesus habe durch seinen unschuldigen Opfertod den „Vater mit der Menschheit versöhnt". Es ging um planetarische Verwandlung, nicht um persönliche Sündenvergebung. „Was die zentrale christliche Lehre anbelangt, dass Jesus aufgrund seines Martyriums unsere (menschlichen) Sünden auf seine Schultern nahm und sie dadurch vermutlich alle auslöschte – eine solche Überzeugung würde natürlich das karmische Gesetz von Ursache und Wirkung im Hinblick auf Leben und Verhaltensweise des Menschen ein für alle Mal ungültig machen. Immer wieder begegnet man aufrichtigen, streng gläubigen Christen, die nach ihrem Tod entsetzt und bestürzt feststellen müssen, dass ihre eigenen (karmischen) Schulden nicht weggewischt sind. Für viele besteht das Fegefeuer somit aus einem Zustand der Erschütterung und Enttäuschung, in den sie versinken, wenn sie feststellen, dass sie alleine dafür verantwortlich sind, die entscheidenden Schritte zu unternehmen, um schließlich „erlöst" zu werden." (Erinnerungen, 66 f.)

Christus war für WTP ein kosmischer Bote, der unter der Führung des Planetarischen und des Solaren Logos stand. Das Christus-Prinzip als solches steht weit oberhalb des Verstehens eines Normalmenschen. Dennoch ist die „Christus-Stufe" im Prinzip etwas, das allen strebenden Menschen eines Tages erreichbar sein wird. Daher betont WTP mehrfach, Christus habe immer wieder deutlich zum Ausdruck gebracht, dass „wir *alle* Söhne Gottes sind". (Esot. Christentum, 88) Der menschliche Jesus von Nazareth war durch die kosmische Kraft, die auf ihn herniedergestiegen war, zu Jesus Christus geworden. Und als solcher wirkte und wirkt er aus einer geistigen Sphäre noch immer zum Heil der Menschheit. WTP betonte mehrfach, dass aufgrund dieses Wirkens sich ein Aspekt des Kosmischen Christus in Menschen wie Franziskus oder Pater Pio offenbaren konnte. „Während der drei Jahre seines Wirkens bestand die Hauptaufgabe Jesu darin, als Werkzeug für das „Erden einer kosmischen Strömung" in einer Weise zu wirken, die der Erhöhung und Beschleunigung der Schwingung der rhythmischen Prozesse diente, die alle planetarischen Aktivitäten steuern." (Esot. Christentum, 33)

WTPs Ausführung zu einem „Kosmischen Christentum" befreien nicht nur von seltsamen theologischen Trinitäts-Konstrukten, sie rücken vor allem den gesamten Planeten Erde in eine universelle Ordnung, in die ihn eigentlich bereits die Kopernikanische Wende gestellt hatte. Die Erde ist nur eine Entwicklungsstufe, eine große Schulungsstätte für Geistwesen, die noch einen langen Weg zurück ins LICHT vor sich haben, an deren Ende sich jedoch jene große Verheißung erfüllen wird, die in Jesus Christus in Zeit und Raum offenbar geworden ist.

(pm)

14

Flower A. Newhouse – Der Christus im Kosmos

Wie im vorstehenden Kapitel bereits erwähnt, konnte auch die amerikanische Mystikerin Flower A. Newhouse (1909-1994) auf persönliche Erinnerungen an die Zeit in Palästina vor 2000 Jahren zurückgreifen. Zusätzlich zu diesen Inkarnationserfahrungen wurde ihr anlässlich eines Meditationswochenendes am Mt. Frazier in Südkalifornien eine persönliche Einweihung durch den sich manifestierenden Christus zuteil. Ihr Biograph, Stephen Isaac, schildert diese bewegende Begegnung in seinem Buch „Die Suche nach Wahrheit". Diese Form mystischen Erlebens unterscheidet sich signifikant von der früherer Jahrhunderte, in denen die Schauungen jeweils in eine jenseitige Welt gerichtet waren. Möglicherweise spielte in Flowers Fall die persönliche Verbindung eine Rolle, oder das menschliche Bewusstsein hat sich inzwischen zu einer Höhe entwickelt, die neue Formen spirituellen Erlebens erlaubt.

Flower Newhouse war eine wahrhaft außergewöhnliche Frau! Wer sie persönlich in ihrem Zentrum „Questhaven", nördlich von San Diego, erleben durfte, wurde unmerklich angehoben durch die spirituelle Kraft und Klarheit, die von ihr ausstrahlte. Man wusste vom ersten Augenblick an, diese Frau war wirklich autorisiert, über das Leben und Wirken Christi zu sprechen. Bemerkenswert sind auch die Ähnlichkeiten in den Berichten über das Leben des Jesus von Nazareth seitens Tudor Poles und Flower Newhouse, die teilweise selbst in kleinen Details übereinstimmen.

Flower Newhouse spricht in ihrem gesamten Werk über die tieferen Hintergründe des Christus-Mysteriums, besonders allerdings in ihren Büchern „Das Christuslicht", das speziell auf das Ostergeschehen eingeht, und ergänzend dazu über Weihnachten in ihrem Werk „Das Weihnachtsmysterium in geistiger Schau". Beide Veröffentlichungen zählen zum Wertvollsten, was die mystische Literatur der letzten Jahrhunderte hervorgebracht hat.

Wie Tudor Pole rückt Flower die planetarische Dimension im Wirken Christi in den Mittelpunkt. „Christi Wille, den Kampf mit den niederen Kräften der Menschheit aufzunehmen, Sein Sieg und Seine Herrschaft über sie führten den ganzen Planeten zur Wiedergeburt. Die Tatsache, dass Sein Körper auf die Probe gestellt wurde, ließ die ganze Erde an Seiner Erfahrung teilhaben. Durch die Einwilligung Jesu, sich selbst zur Beute dieser verirrten Heerscharen zu machen, die um die Herrschaft über die menschliche Seele kämpften, wurde ein wesentlicher Faktor eingebracht – Sein physischer Körper. Den Ansturm des Bösen gegen diese reine und klare Hülle schuf, anstelle der Vernichtung des Lichtes, eine Möglichkeit, die Welt in die mächtige Kraft des Guten aufzunehmen, die auf dem Kalvarienberg freigesetzt wurde. Weiterhin kam auch alles Physische unter den Einfluss dieses Geschehens. Jeder Mensch, jedes Tier, jede Pflanze, jedes Mineral und alle Elemente standen nun unter der Obhut des Siegers." … „Das Vergießen des Blutes eines unschuldigen Göttlichen Wesens belebte und stärkte die Sonnenenergien in der Aura der gesamten Erde." (Christuslicht, 51 f.)

Dieser Transformationsprozess, der sich in verschiedenen Ebenen, nicht nur auf der physischen Erde, vollzog, eröffnete der gesamten

Menschheit einen neuen Weg ins LICHT. Der auferstandene Christus wurde im buchstäblichen Sinne zum LICHT DER WELT. „Das geheime Mysterium hinter der Erlösung, die Christus durch das Kreuz vollzog, bedenkt die Opferung der Seelenenergien, zusätzlich zum Opfer Seines physischen Körpers auf dem Kalvarienberg. Sein Körper wurde neu belebt, doch Seine Seele verströmte sich in Form von Lichtstrahlung über den ganzen Planeten." (Christuslicht, 60) In den vierzig Tagen von Ostern bis Pfingsten errichtete Christus eine Art „Lichtbrücke" zwischen den irdischen und den geistigen Dimensionen. Die Erde war nach diesem Geschehen nicht mehr dieselbe – und wird es nie mehr sein. Seit 2000 Jahren steht den geistig Strebenden ein lichter Pfad offen, der mit Gewissheit zurück in die verloren gegangene himmlische Heimat führt.

Flower Newhouse sah in Jesus von Nazareth das am stärksten von der Gotteskraft erfüllte Individuum, das *unsere Menschheit* hervorgebracht hat. Sie machte auch immer wieder deutlich, dass es wahrhaft Sein Verdienst war, zu dieser Höhe emporgestiegen zu sein. „Lasst uns auf die Irregeführten achten, die verkünden, Jesus von Galiläa sei einfach vom Avatar Christus überschattet worden. Sie beschneiden den historischen Jesus, indem sie Ihm nur eine sekundäre Rolle zuweisen." (Christuslicht, 66) Um die menschliche und die kosmische Dimension des Christus-Mysteriums deutlich zu machen, unterschied Flower zwischen dem Christus-GEIST und dem Christus-AMT beziehungsweise dem Christus-DIENST. Sie schaute dabei weit empor in geistige Sphären. „Die Unermesslichkeit des Christus-GEISTES ist konzentriert in einem Werkzeug von außergewöhnlicher geistiger Größe, dessen Wirken als der Christus-DIENST bezeichnet wird. Die Leiter dieses Amtes wechseln während der verschiedenen Menschheitsepochen. Wenn ein derartiger Wechsel vollzogen wird, steigt der Inhaber des Amtes empor, um für den Solaren Christus zu arbeiten, während ein anderer die Verantwortung des Planetarischen Christus übernimmt." (Weihnachtsmysterium, 21) Mit dieser Einsicht hebt Flower Newhouse den Blick über die gesamte menschliche Evolution und erhöht sie zu einem gewaltigen kosmischen Geschehen. Der Christus der Erde wird eines Tages der Christus unseres Sonnensystems werden, um dann zum Kosmischen Christus aufzusteigen. CHRISTUS-Wesen gibt es im gesamten Universum. Die Erde ist kein „auserwählter Planet", sondern gehört, wenn sie sich geistig weiterentwickelt, eines Tages zur großen Familie der Lichtplaneten, von denen aus die Rückkehr in jene Reiche möglich wird, aus denen wir alle einst herabgefallen sind. Für unsere Menschheit allerdings „wird es keinen anderen Christus geben; alle, die Ihn lieben und Seine Sohnschaft erkennen, gehören zu Seiner Lebenswelle und werden in Seiner Schwingung auf ewigem Pfad dem Göttlichen Ziel zustreben". (Weihnachtsmysterium, 25)

In ihrem Werk „Insights into Reality" veröffentlichte Flower eine ihrer bewegendsten mystischen Erfahrungen, als sie am Ostersonntag in den inneren Welten Christus erschaute, der „sich an jenen EINEN wandte, den er „Vater" nannte – den Planetarischen Logos". Und aus einer ungeheuren Lichtflut heraus vernahm Flower die Antwort aus kosmischen Fernen: „Mit größerer Macht will ich dich beschenken!" (Insights, 179) Flower beschrieb, dass sie nur einmal in diese kosmischen Weiten zu schauen vermochte. Erwachte Menschen vermögen die Strukturen der höheren Sphären zu erblicken. Sie können den planetarischen, den solaren und den kosmischen CHRISTUS unterscheiden. Das, was Flower als den „absoluten, grenzenlosen und geheimnisvollen Gott" bezeichnete, entzieht sich dem Verstehen auch der größten Seher. Für menschliches Verstehen genügt es zudem vollkommen, sich in das Mysterium des Christus-Wesens für *unsere Menschheit* zu vertiefen.

Das Weihnachtsfest war für Flower Newhouse der spirituelle Höhepunkt des Jahres. Zu keinem anderen Zeitpunkt wird der Menschheit größerer Segen aus den inneren Welten zuteil. In ihrer Schilderung des „Weihnachtsmysteriums" beschreibt Flower, was in der Heiligen Nacht vom 24. auf den 25. Dezember geschieht. Um Mitternacht beginnt in den ätherischen Sphären oberhalb von Jerusalem eine Prozession, die sich über die gesamte Erde zieht und alles Leben mit einem unbeschreiblichen Segensstrom beschenkt. In dieser Prozession wird der Christus der Erde von Christus-Wesen anderer kosmischer Reiche begleitet. Zudem nehmen zahllose Engelwesen und unzählige erwachte Seelen der Erdenmenschheit daran teil. Flower Newhouse feierte dieses geheimnisvolle Geschehen jedes Jahr mit einer kleinen Schar in der Kirche von „Questhaven". Wer einmal mit ihr dieses „Weihnachtsmysterium" erleben durfte, der wird dies nie vergessen, denn er hat verstanden, was die Aussage bedeutet: „Die Himmel standen offen." Ihr Buch darüber schenkt noch heute einen wunderbaren Einblick in dieses einzigartige Geschehen an Heiligabend; und jeder, der um Mitternacht in die Stille geht, vermag sich mit der LICHT-KRAFT zu verbinden, die in dieser Stunde auf einmalige Weise auf die Erde ausgegossen wird.

Mit diesem Kapitel endet der historische Rückblick auf zweitausend Jahre christlicher Mystik. Es ist offensichtlich, dass sich das menschliche Bewusstsein entwickelt hat und sowohl ein neues Verstehen des Christus-Mysteriums gewachsen als auch ein neuer Zugang zu den höheren Sphären des Daseins möglich geworden ist. Beide Prozesse führen dazu, dass heute ein neues, freies Christentum möglich ist. Ein Christus-Verständnis, das ohne Dogmen auskommt, das niemanden verurteilt und alle Menschen guten Willens einschließt. Weil jeder, der sich mit diesem CHRISTUS verbindet, seine tiefste Botschaft verstanden hat: „Allein die Liebe zählt!"

(pm)

Teil II

Das Kosmische Christentum

1

Die verborgene Gottheit

Vielleicht ist die tiefste Einsicht in das Wesen Gottes jene im 5. Jahrhundert von Dionysius formulierte „negative Theologie". Das „Absolute", die „Gottheit", das „Eine" – oder welche Begriffe man auch wählen mag – entzieht sich menschlicher Erkenntnis. Wir wissen nicht und werden nicht wissen, was der ewige Ursprung allen Seins ist. Über Gott können wir daher nur aussagen, was er *nicht ist*.

Die jüdische Mystik hat diese Trennung zwischen der absoluten Transzendenz des „Ain Soph" und der geschaffenen Welt am radikalsten vollzogen. Daher gibt es auch keine „Vergottungsmystik" in der Kabbala. Hinzu kommt, dass im Konzept der „Selbstverschränkung" Gottes, dem *Zimzum*, auch gleich eine rationale Antwort für die Frage, wie neben Gott noch anderes sein könnte, mitgeliefert wird. Nur indem Gott sich „in sich selbst zurückzog", konnte er Raum für die Schöpfung schaffen. Mag dies auch eine unvollkommene Bemühung menschlichen Denkens darstellen, einen intellektuellen Erklärungsversuch zu unternehmen, die Verschiedenheit von Schöpfer und Schöpfung zu erfassen, so war sie doch wirkmächtig. Kein spirituelles, mystisches Konzept vermochte je diese finale Grenzziehung zwischen dem ABSOLUTEN und dem Relativen zu überwinden. Im 21. Jahrhundert, im Angesicht der Anschauung der ungeheuerlichen Ausdehnung allein des sichtbaren Universums, wird die Ehrfurcht vor jener Kraft, die wir mit GOTT nur unvollkommenen zu bezeichnen vermögen, für jeden sichtbar manifest, der, mit Kant gesprochen, den Blick auf den *gestirnten Nachthimmel* richtet.

Die Tiefe einer spirituellen Botschaft lässt sich auch daran messen, welche Aussagen sie in der Gottesfrage macht. In der echten esoterischen Literatur heißt es treffend: „Ins Licht gehst du ein, die FLAMME wirst du nie berühren." Die Licht-Metapher findet sich in vielen verschiedenen Ausprägungen in den mystischen Schriften der Welt, weil sie – ähnlich wie bei Nahtod-Erfahrungen – immer wieder im Zentrum des inneren Erlebens steht.

Krishnamurti wählte in seinem „Notizbuch" für seine Beschreibung von der absoluten Transzendenz des Göttlichen das Bild von einem Fluss. „Es ist nicht möglich, eins mit ihm zu sein; es ist nicht möglich, eins mit einem schnell fließenden Fluss zu sein. Du kannst niemals eins sein mit jenem, das ohne Form, ohne Maß und ohne Eigenschaften ist. Es ist; das ist alles." Wer Krishnamurti einmal persönlich erleben durfte, der konnte erfahren, dass dieser Mann immer wieder „in den Fluss" getaucht war. Er offenbarte jenes „Göttliche" mit oft überwältigender Kraft – und dies auf schlichte, einfache und wahrhaft demütige Art und Weise. Die Wahrheit ist einfach; und überall dort, wo sie sich nicht auf einfache Weise offenbart, ist es nicht die Wahrheit.

Es ist ein seltsames Phänomen unserer Zeit, dass den prominenten Vertretern eines erklärten Atheismus in unseren medien-fixierten Gesellschaften des Westens so viel Raum eingeräumt wird. Es gilt unter den sogenannten „Intellektuellen" offensichtlich als besonders schick, spirituell ausgerichtete Menschen als „vorgestrig" oder sogar als etwas „geistig minderbemittelt" darzustellen. Dagegen gelten die Dawkins und Hawkings dieser Welt als die Leuchttürme der Aufklärung, um die Menschheit vom „Gotteswahn" zu befreien. Es sind fragwürdige Zeiten, wenn „die Blinden die Blinden führen". (Matth. 15,14)

Auf der Gegenseite finden wir dagegen die „Einheitsapostel", die aus tiefer Überzeugung verkünden: „Du bist Gott! Du weißt es nur noch nicht!" Es sind die Taschenspieler, die mit der „Maya-Idee" eine funkelnde Münze unter ihrem Hütchen hervorziehen, dessen glänzende Oberfläche aufzeigen soll, dass das Göttliche sich selbst unbewusst geworden ist. Zum Glück sind die großen Advaita- (Nicht-Zweiheit) Meister aber nun zu den Unwissenden gekommen, um ihnen endlich die Erkenntnis ihrer wahren Gottheit zu schenken. Welche Hybris! Der Mensch war nie Gott, sondern von Anbeginn ein Geschöpf, eine Ausstrahlung, eine Emanation des unbegreiflichen Ursprungs. Der wahrhaft auf Gott ausgerichtete Mensch hat daher niemals ein Problem, das Knie in Anbetung vor einer höheren Wirklichkeit zu beugen. Das hat nicht das Geringste mit Selbst-Erniedrigung zu tun, sondern allein mit tiefer Demut und wahrer Einsicht.

Ein neues, kosmisches Christentum wird daher die Augen emporheben zu jener Höhe, aus der Licht und Hilfe kommt, und zugleich den Blick senken in Anbetung der Herrlichkeit dessen, das ihm nur im Glanz seiner Ausstrahlung offenbar wird. Es waren die wahrhaft Großen in Ost und West, die in ihrer Verwirklichung erkannten, dass sie von SEINEM LICHT erfüllt worden waren, von der QUELLE aber unterschieden blieben. Christus, das Licht der Welt, wusste vermutlich genau, was er meinte, als er sagte: „Denn der Vater ist größer als ich." (Joh. 14,28)

(pm)

2

Es werde Licht

Licht – Das Reich des Himmels

Noch lag die Schöpfung formlos da, nach heiligem Bericht;
da sprach der Herr: Es werde Licht! Er sprach's und es ward Licht.
Und Leben regt, und reget sich, und Ordnung tritt hervor.
Und überall, allüberall tönt Preis und Dank empor.

So beginnt ein Lied aus der *Deutschen Messe*, die von Johann Philip Neumann geschrieben und von Franz Schubert vertont wurde. Diese anrührende musikalische Schilderung des Schöpfungsberichts gehört zu den liebsten Kirchenliedern meiner Kindheit. Ich erinnere mich, dass ich es mir immer gut vorstellen konnte, wie alles wie aus dem Schlaf erwacht, wie alles langsam durch das Licht zum Leben erweckt wird. In ähnlicher Weise hat mich die Osternacht-Liturgie berührt, bei der es auch um das Licht geht. Der Osternacht-Gottesdienst beginnt in der frühmorgendlichen Dunkelheit mit der Lichtfeier außerhalb der Kirche, bei der das Osterfeuer gesegnet und die Osterkerze entzündet wird. In einer Prozession wird die Kerze dann begleitet von dem Ruf „Lumen Christi (das Licht Christi)" zum Altar getragen. Am Ende der Osternachtfeier wurde die barocke Kirche meiner Kindheit dann in manchen Jahren vom strahlenden Licht der Morgensonne erhellt, und selbst die vielen Figuren begannen für mich lebendig zu werden.

Zugrunde liegt diesem Liedtext die Beschreibung des ersten Schöpfungstages, wie er im Alten Testament (1. Mose 1) geschrieben steht: „Am Anfang schuf Gott Himmel und Erde. Und die Erde war wüst und leer, und es war finster auf der Tiefe; und der Geist Gottes schwebte auf dem Wasser. Und Gott sprach: Es werde Licht! Und es ward Licht. Und Gott sah, dass das Licht gut war."

Im Vergleich zum neuesten Stand der naturwissenschaftlichen Erkenntnis bezüglich der Entstehung des Universums klingt dieser Bericht fast kindlich naiv. Dennoch gibt es immer wieder aus allen Bereichen Menschen, die versuchen, eine naturwissenschaftliche und geistige Betrachtung der Welt zusammenzubringen.

Der Physiker Hans-Peter Dürr war einer der großen Vertreter aus dem Bereich der Naturwissenschaft, dessen Bestrebung es war, Geist und Materie als Einheit zu sehen. Um diese Verbindung von naturwissenschaftlichen Erkenntnissen und geistigen Prozessen geht es auch in dem Buch von Frido Mann „Es werde Licht. Die Einheit von Geist und Materie in der Quantenphysik", einem Enkel Thomas Manns, und Christine Mann, der Tochter des Physikers Werner Heisenberg. Nach einer dort beschriebenen These scheint es nach modernen astrophysikalischen Erkenntnissen eine bemerkenswerte Entsprechung zum Anfang des biblischen Schöpfungsberichts zu geben. Danach schuf Gott zuerst den dunklen Himmel und die Erde und erst dann das Licht. Nach dieser wissenschaftlichen Sicht war das noch ganz junge und viel kleinere und extrem heiße Universum undurchsichtig wie dichter Nebel, ein Zustand, der im Buch wissenschaftlich genau erklärt wird. Erst nach einem Zeitraum von etwa 370.000 Jahren nach dem Urknall und nach weiteren komplexen physikalischen Vorgängen war die Bahn frei für die Licht-Photonen, die sich dann ungehindert durch den sich aufklarenden Nebel bewegen konnten. Das Universum wurde lichtvoll und durchsichtig. Diese Beschreibung der Vorgänge klingt beinahe so poetisch, dass man sie mit der Beschreibung aus der Bibel in Einklang bringen könnte. Dazu muss man allerdings bereit sein, seine Phantasie und Intuition zuzulassen und nicht nur den rationalen Verstand.

Ähnlich wie den Schöpfungsbericht selbst, kann man den Begriff des Lichtes aus naturwissenschaftlicher Sicht als elektromagnetische Strahlung betrachten oder aus Sicht der Religionen und Weisheitslehren. Auf Letzteres will ich mich hier beschränken, da diese Sicht hinführt auf die im Praxisteil beschriebenen Licht-Visualisierungen und Licht-Meditationen.

Das Licht spielt in allen Kulturen eine wichtige Rolle als lebensspendendes Medium und als Symbol für die schöpferische Kraft. Häufig wird es auch gleichgesetzt mit Gott selbst, wie im Kult des Mithras, der bis ins 3. Jahrhundert nach Christus im römischen Reich verbreitet war.

Mithras wurde als „Sol invictus", als unbesiegbarer Sonnengott, verehrt, ähnlich wie der griechische Sonnengott Helios oder der ägyptische Sonnengott Aton, um nur einige Beispiele herauszugreifen. Die symbolische Gleichsetzung von Licht und Erkenntnis, Bewusstsein und Erleuchtung findet sich auf vielfältige Weise auch in den Schriften des Yoga.

In der Bibel findet man den Begriff „Licht" mehr als hundertfünfzig Mal. Bei Matthäus 4,16 heißt es zum Beispiel: „Das Volk, das in der Finsternis saß, hat ein großes Licht gesehen; und die saßen am Ort und Schatten des Todes, denen ist ein Licht aufgegangen." Auch werden in der Bibel wichtige Begegnungen mit Lichterfahrungen in Verbindung gebracht. So begegnet Moses Gott im brennenden Dornbusch und die Bekehrung des Paulus wird durch eine visionäre Lichterscheinung eingeleitet, in der er Jesus selbst begegnet. Licht steht in diesen Schilderungen symbolisch für Erkenntnis, für Bewusstwerdung einer transzendenten Wirklichkeit. Licht steht auf dieser Ebene auch für Leben im Gegensatz zum Tod, für das Gute im Gegensatz zum Bösen, das durch die Finsternis symbolisiert wird. Auf der seelischen Ebene werden belastende Zustände wie die Depression mit Dunkelheit in Verbindung gebracht. Die *Dunkle Nacht der Seele* oder die *Nachtmeerfahrt* werden als Synonyme für diesen Seelenzustand verwendet. In der Dunkelheit werden Sorgen und Befürchtungen größer und belastender, dunkle Gestalten und dunkle Geschäfte machen uns Angst, dunkle Wege sind unsicher. In der Dunkelheit kann man nicht erkennen, wer Freund oder Feind ist. In dieses Dunkel hinein klingt das Jesus-Wort verheißungsvoll: „Ich bin das Licht der Welt, wer mir nachfolgt, wird nicht wandeln in Finsternis, sondern das Licht des Lebens haben" (Joh. 8,12). Die Finsternis ist zwar weiterhin vorhanden, aber wenn sich der Mensch für die Nachfolge Jesu – den Weg der Liebe – entscheidet, muss er nicht in der Finsternis verbleiben. Demnach geht es nur darum, diesem Jesus zu vertrauen, dann zeigt sich das Licht. Obwohl das sichtbare Licht nur ein sehr vages Abbild dieses „großen" Lichtes ist, hat der Mensch offensichtlich die Fähigkeit, dieses zu erahnen. Offensichtlich trägt der Mensch selbst einen Funken dieses Lichts in sich und auch die Sehnsucht danach, diesem Licht zu folgen. Die Worte Goethes könnte man dann in dieser Weise interpretieren:

> *Wär nicht das Auge sonnenhaft*
> *die Sonne könnt es nie erblicken.*
> *Läg nicht in uns des Gottes eigne Kraft,*
> *wie könnt uns Göttliches entzücken?*

Der Arzt und Naturforscher Theophrastus Bombastus von Hohenheim, genannt Paracelsus, hob die Bedeutung von Licht in vielen seiner Werke hervor. Für ihn wird sich der Mensch seiner Gottesnähe erst bewusst, wenn er durch den Heiligen Geist erleuchtet wird. Erst mit diesem inneren Licht kann er dann hinabsteigen in die Welt der

Natur, in die Welt der Materie, um sie zu ergründen. Setzt man dieses Bild auf die Psychologie um, bedeutet es, dass die Schattenwelt des Menschen erst im Licht des Bewusstseins erforscht werden sollte.

Licht in seinen Wandlungsphasen steht auch im Zentrum von vielen Ritualen, die sich bis in unsere Zeit erhalten haben. Zum Zeitpunkt der Wintersonnwende, wenn das Licht wieder zunimmt, feierte man in den nördlichen Ländern in vorchristlicher Zeit Feste zu Ehren des neuen Lichtes. Auch in Rom fanden zu dieser Zeit Feste für den heidnischen Lichtgott statt. Seit Anfang des 4. Jahrhunderts feiern wir zu dieser Zeit Weihnachten. Christus wird mitten in dunkler Nacht als Licht für die Welt geboren. Eine Lichterfahrung, die wir selbst allerdings immer wieder in uns vollziehen müssen, wenn sie eine Wirkung haben soll.

Auch Pfingsten ist ein Fest der Lichterfahrung, im oben beschriebenen Sinne. Der Name Pfingsten leitet sich vom griechischen Wort „pentekosté" (deutsch: fünfzigster Tag) ab und sagt somit noch nichts über dessen Bedeutung, wie sie in der Apostelgeschichte beschrieben wird (Apg. 2,1-14). Angekündigt wird das Geschehen durch das Brausen des Windes, das die versammelten Jünger erfasst. Zungen von Feuer erschienen über ihren Köpfen, und sie wurden vom Heiligen Geist erfüllt und begannen, in fremden Sprachen zu sprechen, so heißt es weiter in diesem Bericht. Die Menge, die sich versammelte, erkannte mit Erstaunen, dass ein jeder die Sprache des anderen verstand. Um dies zu unterstreichen, werden dann die unterschiedlichen Nationalitäten und Stammeszugehörigkeiten aufgezählt. Die Feuerzungen symbolisieren hier eine Erfahrung von Licht und Klarheit des Geistes, welche das Bewusstsein erweitert und öffnet für eine numinose Gotteserfahrung.

Abschließend möchte ich noch die zweite Strophe des anfangs beschriebenen Kirchenliedes zitieren:

Der Mensch auch lag in Geistesnacht, erstarrt von dunklem Wahn;
der Heiland kam, und es ward Licht! Und heller Tag bricht an.
Und seiner Lehre heil'ger Strahl weckt Leben nah und Fern;
und alle Herzen pochen Dank, und preisen Gott den Herrn.

Dieses 1827 getextete und vertonte Lied scheint eine damals wie heute notwendige Botschaft zu übermitteln. Der Mensch muss sich immer wieder aus dem „dunklen Wahn" befreien und zum Licht streben. Die moderne Quantenphysik kann dazu beitragen, diesen Weg zu erhellen. Deshalb möchte ich mit der Aussage Werner Heisenbergs enden, dass die Welt nicht das Materielle ist, sondern eigentlich Geistiges. „Wenn man in diesen subatomaren Bereich schaut, so entdeckt man, dass unsere Welt aus geistigen Strukturen von unglaublicher Schönheit besteht..." („Es werde Licht", Pos. 1305 von 3223)

Und Gott sah, dass das Licht gut war...

(ar)

3

Geist und Materie

Für das „Geistchristentum" steht am Anfang allen Seins, falls man überhaupt von *Anfang* im gebräuchlichen Sinne sprechen kann, eine rein geistige Schöpfung. „Am Anfang war Gott; und aus ihm wurde ihm Ähnliches – reine Geister." Der Ur-Schöpfungsakt ist radikal verschieden von allem, was christliche Theologie später als „Schöpfung aus dem Nichts" (creatio ex nihilo) gelehrt hat. Die ursprünglich rein geistige Schöpfung trat ins Leben, lange bevor überhaupt von Materie gesprochen werden konnte. Es erscheint überaus einleuchtend, wenn ein Schöpfer, den wir an dieser Stelle als den „absoluten Geist" bezeichnen wollen, nicht in Form eines kosmischen Baumeisters wirkte, der materielle Welten und Wesen erschuf, sondern eben ihm Ähnliches – Geistwesen – ins Dasein rief.

Hätte die frühe christliche Theologie sich an dem tiefsinnigen Origenes ausgerichtet und nicht an dem deutlich weniger inspirierten Augustinus, hätte das Christentum einen gänzlich anderen Weg genommen. In seinem Hauptwerk „Peri Archon" hatte Origenes eine ursprünglich rein geistige Schöpfung postuliert. „Als er im Anfang schuf, was er schaffen wollte, nämlich die Vernunftwesen (rationabiles naturas), hatte er keinen Grund für das Schaffen als sich selbst, das heißt, seine Güte. Da er also selbst der Grund war für das zu Schaffende und in ihm keine Verschiedenheit, keine Veränderlichkeit und kein Unvermögen war, schuf er alle Wesen, die er schuf, gleich und ähnlich, da es für ihn keinen Grund für Verschiedenheit und

Mannigfaltigkeit gab." (Peri Archon II,9,5) Auf dieser Grundlage stehen alle folgenden christlichen Denker oder Mystiker, die auf die uralte esoterische Lehre zurückgreifen. Origenes formuliert eine zutiefst weise und gerechte Schöpfungsvorstellung, die, man sollte sich das gelegentlich wieder vor Augen führen, zeitlich erheblich näher am Ursprung christlichen Denkens liegt als alle spätere Theologie.

Aus Missbrauch ihrer Freiheit und ihrer geistigen Kraft sanken die ursprünglichen geistigen Wesen in die Tiefe – symbolisch verstanden – bis sie sich letztlich zur Materie verhärteten. So entstanden in letzter Konsequenz materielle Welten, aus denen alle „gefallenen" Wesen, aufgrund ihres unzerstörbaren göttlichen Geistfunkens, einst wieder heimkehren werden (Apokatastasis). Auf der Grundlage dieser Einsicht gelangte Origenes zu der Überzeugung einer Vielzahl von Welten: „Nach dem Untergang dieser Welt wird eine andere sein, so wie es nach unserer Meinung andere Welten gab, bevor diese existierte." (Peri Archon III,5,3)

Origenes' Schöpfungslehre wurde ebenso verurteilt wie seine Lehre von der „Präexistenz der Seelen", was von weitreichender Bedeutung für die spätere Ablehnung des Reinkarnationsgedankens durch die christliche Dogmatik war. Wo nichts „prä"-existierte, konnte auch nichts „re"-inkarnieren. Es wird interessant sein zu beobachten, ob die Rehabilitierung, die Origenes seit einiger Zeit in liberalen Kirchenkreisen erfährt, in irgendeiner Weise Auswirkungen auf die vorherrschende Dogmatik zeitigen wird. Es scheint schwer vorstellbar; aber wer weiß schon, wie der „Heilige Geist" wirkt!

Unter Berücksichtigung dieses spirituellen Ansatzes müssen die Versuche, die christliche Schöpfungsidee und die naturwissenschaftliche Hypothese vom „Urknall" zu verknüpfen, völlig neu gedacht werden. Der Anfang des materiellen Universums stellt nicht den Anbeginn des LEBENS dar. Wenn es zutrifft, dass einst geistige Wesen sich durch ihr „Absinken", ihren „Abfall" von Gott entfernten und verdichteten, bis hinab zu materiellen Formen, dann wäre der „Urknall" gleichsam eine Art Sinnbild für den geistigen Fall einstmals feinstofflicher Wesen. Die für menschliche Augen und Teleskope sichtbaren Welten sind nur der äußerste, verdichtetste Ausdruck dessen, was ursprünglich „Schöpfung" meinte.

Alles, was hier geschildert wird, kann nur eine unvollkommene sprachliche Nachahmung eines Geschehens sein, das, bis zur vorletzten Stufe, nicht-materielle Ebenen bezeichnet. Erst wenn wir von Materie sprechen, mögen die Worte wieder zutreffend sein. Die sprachlichen Wendungen, die mit dreidimensionalen Begriffen operieren, sind völlig unzureichend. Die Geistwesen „sanken" oder „fielen" ja nicht in räumliche Tiefen, sondern in „Bewusstseinstiefen". Die innere, im jeweils eigenen Bewusstsein vollzogene Veränderung, die Abwendung vom GEIST, von jenem Ursprung, aus dem sie einst hervorgingen, zog eine äußere Veränderung nach sich. Das weniger vom Göttlichen Licht durchstrahlte Geistwesen wurde dunkler. Es schob sich gleichsam ein Schatten zwischen den Göttlichen Ursprung und die geschaffenen Wesen. Ein „Schatten", der sich *aus ihnen selbst heraus bildete*! Der Missbrauch der Freiheit führte nicht zur Auflösung der Geschöpfe, sondern zu ihrer Verdichtung. Der schöpferische GEIST schuf immer wieder die Voraussetzungen, damit die – in ihrem Bewusstsein – herabgesunkenen Geistwesen auf neuen Wegen heimkehren konnten in jene lichten Sphären, aus denen sie einst ihren verhängnisvollen Abstieg begannen.

Die geistige Freiheit des Individuums ist unzerstörbar; aber sie ist nicht unbegrenzt. Der Wille alles Geschaffenen wird – zu seinem eigenen Segen – ewig umhüllt von jenem großen WILLEN, aus dem alles hervorgegangen ist!

(pm)

4

Evolution

Wenn wir die Vorstellung einer Evolution aus christlicher Sicht behandeln, stoßen wir schnell auf die bereits angesprochene Problematik der Ablehnung des Präexistenz-Gedankens. Was sollte den evolutiven Prozess über Jahrhunderte und Jahrtausende voranbringen, wenn eine Seele – deren Entstehung im kirchlichen Christentum nicht wirklich eindeutig geklärt ist – nur einmal in der Materie aufscheint? Ein Dilemma, an dem auch ein evolutionistisch denkender Mann wie Teilhard de Chardin scheiterte. Was treibt die Evolution zum „Punkt Omega", wenn nicht die Fortschritte der Seele, welche immer wieder in den Lebenskreislauf eintritt? Wenn es *nicht* die Seele ist, müsste eine göttliche Einwirkung erfolgen – und wie ließe sich diese mit der menschlichen Freiheit vereinbaren?

Die östlichen Lehren (Aurobindo, Lama Anagarika Govinda) lösen das Problem, indem sie dem Evolutionsgedanken die Idee einer „Involution" zur Seite stellen. Diese Involution ist sowohl kosmisch oder planetarisch, aber auch individuell zu denken. Der Geist senkt sich in die Materie ein und wirkt von diesem Zeitpunkt an evolutiv an seiner Bewusstwerdung. Dieses Modell lässt allerdings die beiden entscheidenden Fragen unbeantwortet: Woher kommt die Materie und warum muss die – geistige – Seele in diese Materie hinabsteigen? Sie könnte doch viel einfacher in ihrer ursprünglichen geistigen Heimat ihrer Vollendung entgegen reifen.

Dieses Problem hatte Origenes schon im 3. Jahrhundert erkannt. Um den Gedanken eines „Herabsteigens", „Inkarnierens" oder „Absinkens" sinnvoll erklären zu können, musste der Seele eine aktive Rolle zugesprochen werden. Die willentliche Entscheidung der Seele ist das allein auslösende Moment! „Alle körperlosen und unsichtbaren vernünftigen Geschöpfe gleiten, wenn sie in Nachlässigkeit verfallen, allmählich auf niedere Stufen herab und nehmen Körper an je nach Art der Orte, zu denen sie herabsinken; z.B. erst aus Äther, dann aus Luft, und wenn sie in die Nähe der Erde kommen, umgeben sie sich mit noch dichteren Körpern, um schließlich an menschliches Fleisch gefesselt zu werden." (Peri Archon I,5,3)

Wäre diese Theologie des Origenes bestimmend für die christliche Lehre geworden, ständen wir heute vor einem gänzlich anderen Weltbild. Die kirchliche Lehre müsste sich vor allem nicht ständig der Angriffe der Evolutionisten erwehren, und sie wäre in der Lage, die Frage nach der Gerechtigkeit in der Welt zu erklären. In der Nachfolge des Augustinus hat sie dagegen sogar Schwierigkeiten, die völlige Willensfreiheit des Menschen zu gewährleisten!

Evolution, aus christlich-mystischer Sicht betrachtet, meint nichts anderes, als die letztliche Vergeistigung der Materie. Das bis zur Materie hinab gesunkene Geistwesen muss jene Dichte wieder auflösen, die es, als Ergebnis seines geistigen Falles, selbst um sich herum gestaltet hat oder als notwendiges Umfeld für seine Rückkehr gestaltet erhielt. Die Kabbala hat diese Vorstellung sehr überzeugend in ihrer Lehre vom „Bruch der Gefäße" zum Ausdruck gebracht. Durch dieses kosmische Geschehen sanken die „göttlichen Funken" in die Tiefe und müssen sich, über das evolutive Geschehen, aus eigener Kraft wieder *nach oben* arbeiten. Daher konnte der legendäre chassidische Meister Baalschem so treffend sagen: „Du musst auch den Tisch erlösen, an dem du sitzt!"

(pm)

5

Was du säst, das wirst du ernten

Diese Aussage könnte eine präzise Kurzfassung des Karma-Gesetzes sein – wenn es nicht ein Satz aus dem Brief des Paulus an die Galater (6,7) wäre.

Das Neue Testament enthält eine Fülle an Aussagen, in denen sowohl der Reinkarnations- als auch der Karma-Gedanke durchscheint. Ziemlich eindeutig erscheint der Hinweis auf Johannes als die Reinkarnation des Elias (Matth. 11,14 und 17,12 f.); aber auch die Frage nach der Sünde des Blindgeborenen (Joh. 9,2) ergibt wenig Sinn, wenn man nicht von einer Wiedergeburt ausgeht – da der Blinde ja in seinem aktuellen Leben noch nicht gesündigt haben konnte.

In den ersten nachchristlichen Jahrhunderten galt die Vorstellung einer Reinkarnation durchaus als denkbar; und es kann nicht verwundern, dass es auch hier vor allem Origenes war, in dessen Werk der Gedanke auftaucht. Seine große Autorität hielt diese Idee bis ins sechste Jahrhundert aufrecht, als das 5. Konzil in Konstantinopel, im Jahr 553, seine Lehren, die sich unter dem Begriff des „Origenismus" am Leben erhalten hatten, endgültig verurteilte. Damit war der theologische Schlussstrich sowohl unter die Reinkarnationslehre als auch unter eine sinnvolle Existenz nach dem Ablegen des Körpers gezogen. Für mehr als ein halbes Jahrtausend versank ein spirituelles Christentum im Dunkel der Zeiten.

Erst nach 1100, mit dem Auftreten der Katharer, Bogumilen und Waldenser, finden sich wieder Anklänge an die alte Weisheitstradition. Giordano Bruno sprach den Gedanken aus – und wurde für sein kosmozentrisches Weltbild am 17. Februar 1600 in Rom von der Inquisition verbrannt. Von da an scheint die Wiederverkörperungslehre nur noch im vertraulichen Kreis gelehrt worden zu sein, bis sie – vielleicht über die Rosenkreuzer-Tradition weitergegeben – in der deutschen Romantik wiederauflebt. Größere gesellschaftliche Relevanz sollte sie bis zum 20. Jahrhundert nicht mehr erlangen.

Nichts ist größer als die Kraft einer Idee, deren Zeit gekommen ist. Diese alte Weisheit sollte sich in den Jahren nach 1900 einmal mehr deutlich erweisen. Mit dem Aufkommen der Theosophischen Gesellschaft in Deutschland sowie deren späterer Abzweigung, der von Rudolf Steiner initiierten Anthroposophischen Gesellschaft, begann ein Neuaufbruch. Einerseits zeigte sich eine Art spiritueller Renaissance in den abendländischen Gesellschaften, andererseits öffnete sich ein inneres Tor, das eigene innere Erfahrungen zuließ, welche kaum anders als durch Reinkarnation erklärbar schienen. Auch in diesem Wiedererwachen spielte der Gerechtigkeitsgedanke eine entscheidende Rolle. Während dem Christentum, um das Elend und Unrecht auf der Welt zu erklären, nur der „unerforschliche göttliche Ratschluss" blieb, vermochten die Verteidiger von Reinkarnation und Karma eine Lebensphilosophie vorzuweisen, in welcher jeder Einzelne für sein Schicksal selbst die Verantwortung trug. Was er einst gesät hatte, das sollte er später ernten!

In der zweiten Hälfte des 20. Jahrhunderts kamen dann zwei weitere wichtige Bausteine hinzu, um das gerade erst errichtete Gebäude eines neuen Weltbildes nachhaltig zu stärken – die moderne Reinkarnationsforschung und die Nahtod-Erfahrungen. Bis heute fällt es den Gegnern des Reinkarnationsgedankens schwer, die präzisen und sehr überzeugenden Forschungsergebnisse von Pionieren wie Ian

Stevenson zu entkräften: Wenn ein Mann mit sieben außergewöhnlichen Muttermalen zur Welt kommt, sich erinnert, in einer früheren
Inkarnation von einem eifersüchtigen Nebenbuhler erschossen worden zu sein, sich an seinen früheren Namen und an den Geburtsort
erinnert, dann exhumiert wird und in seiner alten Körperhülle exakt
sieben Einschüsse an den Stellen aufweist, an dem in der neuen Verkörperung die Muttermale sitzen – dann bedarf es schon eines ver-
zweifelten Bemühens, um zu einer anderen als der Reinkarnations-
Hypothese zu gelangen.

Wer es weniger spektakulär möchte, der wird in der Fülle an mittler-
weile publizierten Nahtod-Erfahrungen fündig werden, die in vielen
Fällen beeindruckende Reinkarnationserfahrungen enthalten. Dabei
dürfte besonders überzeugend sein, in welcher radikalen Weise die
tiefgreifenden spirituellen Erfahrungen das Leben der Betroffenen
nachhaltig veränderten. Gelang es den Gegnern anfänglich noch,
diese Menschen als „esoterische Spinner" zu verunglimpfen, so ist
mit dem Auftreten von Wissenschaftlern wie Eben Alexander, Pim
van Lommel oder Penny Sartori auch eine akademische Dimension
in der Diskussion eröffnet worden.

Die christliche Theologie führt gegen die Reinkarnations- und Karma-Lehre einen Feldzug auf verlorenem Posten. Nicht nur die besseren Argumente, sondern auch die überzeugenderen Erfahrungen
sprechen für ihre Gegner. Es kann daher nicht verwundern, wenn
heute gerade Pfarrer wie Till A. Mohr („Kehret zurück, ihr Menschenkinder!") und Hans Stolp („Die ersten drei Tage im Jenseits")
grundlegende Werke geliefert haben, um das Christentum mit der
Reinkarnationsidee auszusöhnen.

Auch die christlichen Kirchen müssen sich die Frage stellen, ob sie an
ein Leben unter der Prämisse des Zufalls glauben wollen oder an eine
weise göttliche Voraussicht, die über allem Geschehen auch auf Erden

wacht. Entweder hat man bei einem Unfall, einer Naturkatastrophe oder einem Attentat einfach „Pech gehabt" – oder es liegt ein tieferer Sinn hinter allem Geschehen, der sich vielleicht erst später im Leben erschließt.

(pm)

6

Sind Karma und Gnade vereinbar?

Es war der große Kirchenkritiker Eugen Drewermann, der in seinem wohl wichtigsten Werk „Kleriker" das verhängnisvolle Dilemma der christlichen Gnaden-Lehre – in ihrer orthodoxen Form – präzise dargestellt hat. „Was ist das für ein „Vater", der nach theologischer Auskunft so unendlich liebend ist, dass er den Menschen unendlich vergeben möchte, der aber zugleich so unendlich gerecht ist, dass die Sünde des Menschen ihn unendlich beleidigt und er deshalb ein unendlich wertvolles Opfer, seinen eigenen Sohn also, braucht, um den Widerspruch von Erbarmen und Strafen, in den die Sünde des Menschen den Allwissenden und Allweisen getrieben hat, in sich selber auf einem äußerst abenteuerlichen Wege zu versöhnen?" (Kleriker, 89 f.)

Liebe und das Gesetz. Vergebung, Gnade und ewige Höllenstrafe. Ein entsetzlicher Widerspruch und eine vollkommene Pervertierung dessen, was der *Mann aus Nazareth* gelehrt und vorgelebt hatte. Jesus hat immer wieder deutlich gemacht, dass die Liebe *über* dem Gesetz steht; und selbst Paulus bekennt im 1. Korintherbrief, dass von Glaube, Liebe und Hoffnung die Liebe das Höchste sei (13,1-3,7,8, 13). Wenn sich die Kirchen wieder auf die ursprüngliche Verkündigung beziehen würden und zudem den Offenbarungen der Mystiker Gehör schenkten, dann erhielt die Gnaden-Lehre ein gänzlich neues Gesicht.

Die göttliche Gnade ist keine Willkür, die sich auf den einen ergießt und auf den anderen eben nicht, sondern sie ist ein ewig präsenter Strom der Liebe des Allerhöchsten. Sie ist gleichsam die Grundlage für das Wachstum durch Reinkarnation, die Rückkehr alles Gefallenen durch eigenes Bemühen. Man muss die kirchliche Gnaden-Lehre vielleicht einmal auf den Kopf stellen, dann wird ihre Fragwürdigkeit deutlicher. Wenn Gott aus 'Liebe' oder 'Gnade' einen überzeugten Atheisten – in einer in gewisser Weise ja zwanghaften Bekehrung – in einen tief religiösen Menschen verwandelte, warum sollte er ihn dann überhaupt in die Inkarnation senden? Die Frage bliebe übrigens auch dann sinnvoll, wenn man die Reinkarnation ablehnte! Wer käme denn auf die Idee, einem Lehrer vorzuschlagen, er möge doch 'aus Gnade' einen Drittklässler in die Oberprima versetzen? Offensichtlich kann die göttliche Gnade nicht derart willkürlich und widernatürlich handeln.

Wenn wir einmal das Geschenk der Gnade tatsächlich als eine *in Ewigkeit angebotene Gabe* betrachten, dann ist sie gleichsam das Gegenstück der Karma-Idee – die andere Seite der Münze. Es ist Gnade, in einer erneuten Inkarnation – aus Freiheit – seine alten Fehler ausgleichen und dadurch geistig reifen zu können. Es gibt keine „Zwangserleuchtung"! Die göttliche Allmacht könnte diese ja in einem *kosmischen Nu* herbeiführen – und würde damit die Schöpfung aufheben. Das Grundprinzip der Schöpfung ist doch ganz offensichtlich: Wachstum aus Freiheit!

Im Gegensatz zu vielen Lehrsystemen etwa des Hinduismus und Buddhismus, die sich ganz auf den Karma-Gedanken fokussieren, stellt die Gnaden-Lehre tatsächlich eine wundervolle Erweiterung des menschlichen Bewusstseins dar. Würde sich Evolution durch Reinkarnation *nur* unter dem Gesetz vollziehen, so müsste jeder Mensch aus eigener Kraft – ohne irgendwelche Hilfe – den Pfad zurück finden. Doch da die Evolution unter dem Gesetz *und* unter der Liebe steht, wird der Weg zurück ins Licht ungleich leichter zu meistern sein. Es ist geradezu das Herz des Christus-Mysteriums, dass in der Hinwendung an den Kosmischen Christus die Gnade herabgerufen werden kann. In der Anerkennung des Christus-Mysteriums und in der Hinwendung an den lebendigen Christus im Kosmos wird der in jeder Seele verborgen liegende Gralskelch aufgerichtet, um das Wasser des Lebens zu empfangen. Dies ist eines der größten Geheimnisse christlicher Mystik!

(pm)

7

Wie auf Erden – so im Himmel

Obwohl die Erfahrungen über ein jenseitiges Weiterleben der Geist-seele Legion sind – vorchristlich wie auch nachchristlich – vertritt die katholisch-christliche Theologie in ihrem für alle Gläubigen verbind-lichen „Weltkatechismus" eine Auffassung, die auch ein Augustinus kaum hätte schärfer formulieren können: „Jeder Mensch empfängt im Moment des Todes in seiner unsterblichen Seele die ewige Ver-geltung. Dies geschieht in einem besonderen Gericht, das sein Leben auf Christus bezieht – entweder durch eine Läuterung hindurch oder indem er unmittelbar in die himmlische Seligkeit eintritt oder indem er sich selbst sogleich für immer verdammt." (§ 1022)

Diese Ignoranz erscheint aufgeklärten Christen, die sowohl ihre Ge-schichte – vor allem die griechischen Kirchenväter – als auch die mo-derne Literatur zur Thanatologie oder zu den Nahtod-Erfahrungen kennen, als absolut unfassbar. Da werden ganze Bibliotheken an Er-kenntnissen von einer extrem unwissenden Kleingruppe von Dog-matikern einfach vollständig ausgeblendet. In kaum einem anderen Punkt ist die kirchliche Dogmatik – bei den Protestanten sieht es kaum besser aus – so weit von den tiefen Überzeugungen von zahl-losen ihrer Gläubigen entfernt wie bei der Frage eines Weiterlebens nach dem Tod.

Während schon Jakob Böhme von einem „siderischen Körper" sprach, mit dem die Seele in die jenseitigen Welten eintreten würde, oder Swedenborg und Lorber ganze Bände mit Beschreibungen über das Leben in der Geistigen Welt verfassten, ist das für die orthodoxe Theologie weitgehend irrelevant. Im äußersten Fall werden Erfahrungen, sofern sie aus dem christlichen Bereich kommen, als „Privatoffenbarungen" abqualifiziert. Mit dieser bornierten Einstellung sind einer breiteren christlich ausgerichteten Öffentlichkeit die Einsichten ihrer Mystiker aus vielen Jahrhunderten vorenthalten worden.

Glücklicherweise haben die Werke der christlichen Esoteriker sowie der geistchristlichen Literatur im 20. Jahrhundert Millionen von Menschen erreicht und nicht nur Erkenntnisse vermittelt, sondern vor allem Trost geschenkt. Es gibt keine Grabesruhe bis zum Jüngsten Tag! Es gibt kein „Fegefeuer" im katholischen Sinne! Es gibt keine ewige Höllenstrafe! Es gibt nur ein Weiterreifen in jenseitigen Welten, bis die Zeit zu einer erneuten Erdeninkarnation angebrochen ist.

Es kann hier keine umfassende Jenseitslehre dargestellt werden, doch die Grundgedanken lassen sich in wenigen Punkten zusammenfassen:

1) Im Augenblick des Sterbens verlässt die Geistseele ihre physische Hülle und verbleibt in einem sogenannten „Ätherkörper" für wenige Tage in einer erdnahen Sphäre.

2) Nach einigen Tagen legt sie auch ihren Ätherkörper ab und lebt dann in ihrer astralen Hülle in der sogenannten Astralwelt weiter. Dort erlebt sie einen Rückblick über ihr vergangenes Erdendasein, in dem sie selbst über sich 'zu Gericht sitzt'. Mit unbestechlicher Klarheit sieht sie alles Gute und Böse des zurückliegenden Erdenlebens.

3) Wenn alle Emotionen in der Astralwelt ausgeschwungen sind, wird auch der Astralkörper abgelegt, und die Geistseele wechselt in ihrem Mentalkörper in die Mentalwelt über. Für den

durchschnittlichen Menschen wird dies die höchste Ebene des nachtodlichen Daseins darstellen.

4) Sehr idealistisch gesinnte Menschen, die *großen Seelen* der Menschheit, verbringen noch eine gewisse Zeit in der Kausalwelt, einer lichten Sphäre, in die sie die Reinheit ihrer Geistseele geführt hat.

5) Wenn die festgelegte Zeit in der Jenseitswelt sich ihrem Ende nähert, sammelt die Geistseele erneut einen Mental-, Astralund Ätherkörper um sich und steigt allmählich wieder in einen materiellen Körper hinab.

6) Dieser Prozess wiederholt sich so lange, bis eine Geistseele der Anziehung der Erdensphäre entwachsen ist und ihren Weg in höheren Welten fortsetzen kann.

7) Über dem gesamten Prozess wachen hoch entwickelte Wesen und eine bestimmte Engelschar, so dass sich alles mit unendlicher Weisheit und Liebe entfaltet.

Es wäre geradezu naiv zu glauben, ein Menschenschicksal würde sich „für die Ewigkeit" in einer einzigen Inkarnation abspielen! Die ungeheure Ungleichheit auf Erden würde für eine schreiende Ungerechtigkeit sorgen. Stattdessen ist es so, dass jede Seele die Voraussetzungen auf Erden antrifft, die ihrem Karma entsprechen und ideale Voraussetzungen bieten, um geistig zu wachsen. Jene Sehenden, die in dieses Geschehen tiefe Einblicke erhielten, sprechen nur in größter Ehrfurcht und tiefer Demut über die unbeschreibliche Weisheit, die hinter allem Geschehen waltet.

Niemand tritt in das Jenseits ein und ist sofort ein anderer als auf Erden. Das geistige Gesetz lautet vielmehr: Wie auf Erden – so im Himmel! Der sogenannte 'Tod' ist nur ein Übergang in eine andere Seinsform. Ein Leben in einer höheren Oktave, in dem die grobe physische Form entfallen ist. Die Seele hat gleichsam die Taucherglocke wieder abgelegt, in der sie in die Materie getaucht ist. Der Taucher ist, um im Bild zu bleiben, noch immer derselbe. Er hat Erfahrungen gesammelt, die er nun in den feinstofflichen Welten bearbeiten darf. Ist dieser Prozess abgeschlossen, geht die Reise weiter, diesmal mit einer etwas besseren Ausstattung als im letzten Erdenleben.

(pm)

8

Dogmatik und Mystik

Auf den ersten Blick scheint es sich bei diesen beiden Begriffen um Gegensätze zu handeln, die schwer vereinbar sind:

Mit Dogma bezeichnet man in der Lehre der Kirchen einen verbindlichen allgemein gültigen Glaubenssatz. Das Wort Dogma leitet sich von dem griechischen Wort *dógma* ab, in der Bedeutung von Lehraussage, Beschluss oder Verordnung. Dogmatik beschäftigt sich mit dem Inhalt der Dogmen, die die christliche Glaubenslehre und ihre Auslegung betreffen. Dogmatik ist sowohl an der katholischen als auch an der evangelischen Fakultät ein eigenes Lehrfach.

Die mystische Erfahrung kann man als Zentrum aller Religionen der Welt bezeichnen. Das Wort Mystik leitete sich von dem griechischen Verbum *myein* ab, die Augen schließen, sich verbergen. Allen Formen mystischer Erfahrung gemeinsam ist die Begegnung mit einer göttlichen Präsenz, die Erfahrung einer anderen Wirklichkeit und am Ende die Einswerdung (unio mystica) mit Gott, die bereits in diesem Leben teilweise erfahren werden kann. Die Liste der christlichen Mystikerinnen und Mystiker ist lang, nur auf einige kann in diesem Buch stellvertretend eingegangen werden.

Einleiten möchte ich dieses Kapitel mit den Worten des spätmittelalterlichen Theologen und oft als Mystiker bezeichneten Meister Eckhart. Er gibt Hinweise, wie man auf den mystischen Weg gelangen kann:

„Wenn der Mensch ein inneres Werk vollbringen will, so muss er alle seine Kräfte nach innen ziehen und sammeln, gleichsam in einen Winkel seiner Seele zusammenfassen, und sich allen äußeren Bildern und Vorstellungen entziehen, und da mag er dann wirken. In ein Vergessen, ein Nicht-um-die-äußeren-Dinge-wissen, muss er hier gelangen." (K. O. Schmidt, S. 100)

Lassen Sie sich nun mitnehmen auf eine imaginäre Reise der Kirche durch die Zeit. An einigen beispielhaft ausgewählten Stellen, an denen sich Mystik und Dogma begegnen, möchte ich kurz verweilen.

„Wenn du geredet hättest, Desdemona", so heißt ein Buch von Christine Brückner. Sie wirft darin die Frage auf, was wäre geschehen, wenn an einem bestimmten Punkt der Geschichte eine wichtige Frage gestellt oder etwas infrage gestellt worden wäre, was den weiteren Verlauf verändert hätte. Neben Desdemona, der Heldin aus der Oper Othello, lässt sie Katharina Luther zu Wort kommen mit der Frage: „Bist du sicher, Martinus?" Was wäre gewesen, wenn Martin Luther sich von dieser Frage verunsichert gefühlt und sich zurückgezogen hätte? Aber wir wissen ja, dass er seinem inneren Anruf folgen und dazu stehen musste. Immer gab es diese entscheidenden Momente sowohl in der weltlichen als auch in der kirchlichen Geschichte, in denen etwas in Gang gebracht oder behindert wurde, durch die der Weg eine neue Richtung bekam.

Beginnen wir bei der Zusammenkunft der Jünger am fünfzigsten Tag nach der Auferstehung Jesu. Auf wunderbare Weise wurden die anwesenden Jüngerinnen und Jünger erfüllt vom Geist. Menschen unterschiedlichster Sprachen konnten sich plötzlich verstehen. Erfüllt von diesem neuen Geist, machten sie sich auf den Weg, die Botschaft Jesu zu verkünden.

Paulus, der griechisch gebildete Jude mit römischem Bürgerrecht, wurde ebenfalls durch ein mystisches Erlebnis vom erbitterten Christen-Verfolger nicht nur zum glühenden Anhänger, sondern zum charismatischen Anführer. Paulus verstand sich von jetzt an als Apostel, der das Evangelium in die Welt zu tragen hatte. Die Entwicklung einer Kirche aus der Botschaft des Jesus von Nazareth begann. Wie hätte sich die Kirche entwickelt ohne ihn, ohne seine Gemeinde-Bildungen, ohne seine Missionsreisen?

Eine weitere wichtige Station war die Regierungszeit Kaiser Konstantin des Großen am Ende des 3. Jahrhunderts. Von einer verfolgten Minderheit stieg das Christentum unter ihm zur wichtigsten Religion im Römischen Reich auf. Vielleicht hatte Helena, die Mutter Konstantins und überzeugte Christin, einen Einfluss darauf. Die Geschichtsschreiber berichten, dass es eine Vision war, in der Konstantin vor einer entscheidenden Schlacht aufgefordert worden war, das Christus-Monogramm auf den Schilden seiner Soldaten anbringen zu lassen. Oder war es der innere Anruf „In diesem Zeichen wirst du siegen", der ihm Siegesgewissheit gab und sein Vertrauen in den neuen Gott der Christen stärkte. Was wäre geschehen, wenn er nicht gesiegt hätte?

Kaiser Konstantin I. berief im Jahr 325 das Konzil von Nicäa ein. Die höchste Autorität des römischen Reiches verbündete sich mit der sich bildenden christlichen Kirche. Auf dem Konzil mussten deshalb Festlegungen getroffen, sogenannte *Kanones* entwickelt werden, die Lehrmeinungen festlegten, theologische und kirchenrechtliche Fragen zu klären hatten und vieles mehr.

Ein neuer Weg mit neuen Herausforderungen erwartete die junge Kirche. Die Auseinandersetzungen mit den verschiedenen Strömungen innerhalb und außerhalb der Kirche führten naturgemäß immer mehr zum Bedürfnis, „das festzuhalten, was überall, was immer, was von allen geglaubt wurde". So jedenfalls schrieb der Mönch und Kirchenvater Vinzenz von Lérins im 5. Jahrhundert. Die von ihm dazu definierten Kriterien waren von großer Bedeutung für die spätere Dogmenentwicklung.

Im ausgehenden 11. bis ins frühe 12. Jahrhundert kam es dann zum sogenannten „Investiturstreit", dem Höhepunkt eines Konfliktes zwischen geistlicher und weltlicher Macht. Gleichzeitig gab es Reformbewegungen, deren Anliegen es war, die Kirche wieder auf ihre Mitte, auf Christus, zu beziehen. Immer schwieriger wurde es, die größer werdende christliche Kirche zusammenzuhalten, die vielfältigen Richtungen zu vereinen und für alle verbindliche Lehrmeinungen aufzuschreiben. Dabei gab es Sprachbarrieren zu überwinden und unterschiedliche politische Realitäten in den verschiedenen Ländern mit einzubeziehen.

In dieser Zeit taucht ein Mann auf, der sich ebenfalls auf Visionen, auf mystische Erfahrungen berief, die seinem Leben eine neue Richtung gaben. Franz von Assisi (1181/82-1226), der aus einer wohlhabenden Kaufmannsfamilie stammte, wurde nach einer verlorenen Schlacht eingekerkert und kehrte krank und offenbar innerlich verändert zurück. Während er in der Kirche San Damiano betete, sprach Christi Stimme vom Kreuz zu ihm. Christus forderte ihn auf, sein Haus wieder aufzubauen, das ganz und gar zu verfallen drohte.

Franziskus verstand unter diesem Verfall sicher nicht nur den äußeren. Er besann sich in radikaler Weise zurück auf die christliche Botschaft von der Liebe zu den Menschen und zur Schöpfung. Mit seiner bedingungslosen Solidarität mit den Armen, mit seiner Geschwisterlichkeit, seiner Liebe zu Menschen, Tieren und zur Natur, mit seiner unbedingten Nachfolge Jesu, war er nicht nur für die Kirche und die Gesellschaft seiner Zeit eine Provokation.

Seinem Vorbild folgten viele junge Menschen. Ein neuer Aufbruch war in der Kirche zu spüren. Wieder war eine Wegweisung erfolgt durch eine Weisung aus dem Inneren, eine mystische Erfahrung. Wie arm wären wir ohne Franz von Assisi!

Im Lauf der folgenden Jahrhunderte kam es immer häufiger zu Machtmissbrauch durch Verstrickung der Kirche in politische Ränkespiele. Die sogenannte Simonie, der Kauf und Verkauf von Pfründen und Ämtern, der Ablasshandel und die Inquisition mit all ihren schrecklichen Auswirkungen verbunden mit den großen gesellschaftlichen Umbrüchen riefen geradezu nach Erneuerung.

Der Theologe Martin Luther (1483-1546) wurde zur zentralen Figur der Reformation. Sie sollte nicht nur die Kirche verändern, sondern wirkte weit hinein in die politische und gesellschaftliche Entwicklung der Neuzeit. Letztlich führte die von Luther angestrebte Erneuerung der Kirche zu einer Kirchenspaltung und zur Bildung evangelisch-lutherischer Kirchen. Zwar beruft sich Luther nicht auf eine mystische Erfahrung, aber auch er handelte aus einer inneren Notwendigkeit, aus einem inneren Anruf heraus. Es ist nicht auszuschließen, dass er auch durch mystische Strömungen beeinflusst war. Zumindest kannte und schätzte er die Schriften des Mystikers Johannes Tauler, wie wir aus seinen Briefen wissen.

Das 1. Vatikanische Konzil (1869-1870) war dann ein weiterer Meilenstein in der Geschichte der katholischen Dogmatik. Hier wurde definiert, dass ein Dogma ein Satz göttlichen und katholischen Glaubens ist, der als von Gott offenbarte und zu glaubende Wahrheit verkündet wird. Dogmen sind also weniger als Gebote oder Vorschriften zu verstehen, sondern mehr als Orientierungspunkte des Glaubens.

Was der wirkliche Hintergrund für das Dogma von der leiblichen Aufnahme Marias in den Himmel im Jahr 1950 war, wissen wir nicht. Hatte Papst Pius XII. eine mystische Erkenntnis, eine Vision, als der Papst seit 1870 das erste und bis heute letzte Mal damit von seinem Unfehlbarkeitsdogma Gebrauch gemacht hat. Dieses Dogma traf auf scharfe Kritik, aber auch auf große Zustimmung. So schrieb C. G. Jung: „Ich betrachte daher die Assumptionsdeklaration (Marias leibliche Aufnahme in den Himmel) als das symbolgeschichtlich wichtigste Ereignis seit 400 Jahren, trotz aller Abstriche..." (C. G. Jung, Briefe II, S. 211) Für Jung war das für das Christentum der richtige Schritt in Richtung Ganzheit, wie er in einem Brief aus dem Jahr 1951 schrieb.

Anders als im Katholizismus gibt es im Protestantismus kein feststehendes offizielles Lehrgebäude der dogmatischen Wahrheiten. Man spricht hier bevorzugt von Bekenntnis statt von Dogma. Allerdings ähneln sich in den Grundzügen die Lehrinhalte der Dogmatik.

Zu den Inhalten zählen unter anderem:

Gotteslehre, Trinitätslehre, Schöpfungslehre, Christologie und Eschatologie.

Wie uns die Geschichte gezeigt hat, standen am Beginn des Christentums und auf seinem Weg durch die Zeit mystische Erleuchtungs- und Bekehrungserlebnisse Einzelner. Wie der amerikanische Religionspsychologe William James belegt, erlebten sie die Überwindung aller gewöhnlichen Barrieren zwischen dem Einzelnen und dem Absoluten. Diese Erfahrung führt zu tiefen Einsichten, wie James schreibt, die vom Verstand nicht ausgelotet werden können. James spricht deshalb von der immerwährenden Siegesbotschaft der Mystik, die von äußeren glaubensbedingten Differenzen beinahe unberührt bleibt. (William James, Die Vielfalt religiöser Erfahrung) Mit Blick auf die spirituelle Praxis anderer Religionen kann man allgemein formulieren, dass der mystische Mensch ein Mensch ist, der mit (seinem) Gott lebt, sich ihm innerlich zuwendet. Wie Teresa von Ávila sagte: Solo dios basta! (Gott allein genügt).

Die mystische Erfahrung ist vor allem gekennzeichnet von dem Bewusstsein der Verbundenheit. Gott ist nicht ein Gegenüber, eine undefinierbare Energie, sondern wird als innere Präsenz, als inneres Licht, als innere Klarheit erlebt, die eine mächtige Kraft im Menschen freisetzt. Alle hier beschriebenen Beispiele von Mystikerinnen und Mystikern erzählen davon, wie sie innere Klarheit zu einer neuen Erkenntnis der Wirklichkeit geleitet hat. Das führte zum Teil zur radikalen Veränderung des eigenen Lebens oder jedenfalls zu einem neuen mutigen Umgang mit dem Leben. Die mystische Innenschau führt demnach gleichzeitig zu einer neuen „Außenschau", die von Liebe, Mitgefühl und Barmherzigkeit getragen ist. Viele Mystikerinnen und Mystiker kämpften deshalb auch für Gerechtigkeit und Freiheit, auch wenn sie oft durch die Umstände ihrer Zeit dafür nur einen begrenzten Spielraum hatten.

Der Ausspruch des katholischen Jesuiten Karl Rahner (1904-1984), der als einer der bedeutendsten Theologen des 20. Jahrhunderts gilt, wirft so gesehen einen hoffnungsvollen Blick auf die Zukunft des Christentums. „Der Christ der Zukunft wird ein Mystiker sein, einer, der Gott erfahren hat, oder er wird nicht mehr sein." (Rahner, S. 11-31) Erklärend fügte Rahner hinzu, dass die Mystik in ihrem eigentlichen theologischen Kern ein wesentliches inneres Element des Glaubens sei. Allerdings stellt der mystische Weg auch große Anforderungen an uns, wenn wir uns für ihn entscheiden. Um zu vermeiden, dass eine mystische Erfahrung lediglich eine Wunschvorstellung, eine illusionäre Vorstellung bleibt, müssen wir uns immer wieder ehrlich mit unserem inneren Schatten, mit unserem Ego, auseinandersetzen. Wenn wir uns entscheiden, unser Leben wirklich von innen heraus zu leben, uns ganz der göttlichen Führung zu überlassen, kann es allerdings sein, dass wir Einiges loslassen müssen. Das können Wünsche und Begehrlichkeiten, falsche Größenphantasien oder Zerstreuungen sein, die uns wegführen vom inneren Weg.

Zurück zur Anfangsfrage, ob Dogma und Mystik miteinander vereinbar sind, könnte ich mir vorstellen, dass sie sehr wohl miteinander eine gute Verbindung eingehen können. Allerdings darf das Dogma nicht zu einer rigiden Struktur werden, die nicht mehr vom göttlichen Geist geleitet ist, und die mystische Erfahrung darf nicht von schwärmerischen Idealen und eigenen egoistischen Wunschvorstellungen, sondern muss von einer *echten* Gotteserfahrung erfüllt sein.

Vielleicht können wir diesbezüglich von unserem Körper – sprich von unserem Gehirn – lernen. Das Großhirn hat sich – vielleicht um effektiver arbeiten zu können – in zwei Hälften geteilt. Die eine ist federführend im Bereich von Logik, Analyse und Intellekt und die andere im Bereich von Intuition, ganzheitlichem Verständnis und Kreativität. Verbunden werden sie durch einen Balken, der gleichzeitig das Trennende, aber vor allem auch das Gemeinsame betont.

(ar)

9

Hierarchie, Gesetz und Freiheit

Der Weg zur Freiheit

Gesetz und Freiheit sind Begriffe, die mit allen Bereichen unseres Lebens verwoben sind. Sie finden sich in den Überlegungen großer Philosophen, in politischen Manifesten oder in den Religionen. Beginnen möchte ich mit Gedanken zum Thema Freiheit und Sie damit anregen, in dieses „Gespräch" mit einzutreten.

Der Psychoanalytiker und Philosoph Erich Fromm beschäftigt sich in seinem Buch „Die Furcht vor der Freiheit" mit dem Bedürfnis nach Freiheit und der gleichzeitigen Sehnsucht nach Unterwerfung und dem Streben nach Macht. Die beiden letztgenannten Bestrebungen stehen immer wieder der Freiheit entgegen. Fromm wirft auch die Frage auf, ob Freiheit nur die Abwesenheit äußeren Drucks bedeute oder auch das Vorhandensein von „etwas" und wenn ja, wovon? In der Literatur finden wir viele Beispiele dafür, dass das Vorhandensein von „etwas" trotz oder gerade wegen äußeren Drucks zu einer Erfahrung von Freiheit führen kann. Eindrücklich vor Augen geführt hat uns dies der evangelische Theologe und Widerstandskämpfer Dietrich Bonhoeffer. Bereits 1933 hatte er öffentlich Stellung gegen die Judenverfolgung durch die Nationalsozialisten bezogen. Zweimal hatte er sehr bewusst äußere Freiheit gegen die Gefahr des Verlustes der Freiheit eingetauscht. Einmal kehrte er 1935 nach zwei Jahren von einer Auslandspfarrstelle aus England zurück, ein zweites Mal entschied er sich 1939, aus den USA zurückzukehren, wo man ihm einen sicheren Aufenthaltsort geboten hatte. Seine Tätigkeit im Widerstand führte schließlich dazu, dass er im April 1943 verhaftet und im April 1945 in Flossenbürg auf ausdrücklichen Befehl des Führers hingerichtet wurde. In seinen berührenden Briefen aus dem Kerker an seinen Freund Eberhard Bethge war die innere Freiheit ein Thema, das ihn beschäftigte. Diese schien während der Kerkerhaft zu wachsen. Die Kraft dazu bezog er aus seinem tiefen Glauben, aus der „Teilnahme am Sein Jesu". Wesentlich war für ihn dabei das „Für-andere-da-sein". (Schultz, S. 75) Seiner inneren Freiheit, seiner Überzeugung, dass letztlich die Liebe siegt und stärker ist als der Hass, blieb er bis zu seiner Hinrichtung treu.

Bonhoeffer hat damit eine Freiheit errungen, die ihm Mut und Kraft verlieh, sein Schicksal anzunehmen. Sein letzter theologischer Text (später vertont) aus dem Dezember 1944 gibt davon ein berührendes Zeugnis. ((Schultz, S. 166))

> *„Von guten Mächten treu und still umgeben,*
> *behütet und getröstet wunderbar,*
> *so will ich diese Tage mit euch leben*
> *und mit euch gehen in ein neues Jahr."*

(1. Strophe)

Innere Freiheit und damit verbunden Mut und Furchtlosigkeit – wer möchte das nicht erreichen? Schauen wir also, welche „Empfehlungen" wir bei Dietrich Bonhoeffer dazu finden. Zunächst verhehlte er nicht, dass auch er Anfechtungen ausgesetzt war. So beschreibt er, dass ihn zuweilen die „acedia" beschlich, eine Art depressiver Zustand von Erschöpfung und Selbstaufgabe, wie er von den Wüstenvätern genannt wurde, dem er sich aber widersetzte. Zur wichtigsten Aufgabe wurde ihm dabei der Umgang mit den Gedanken. Immer wieder sprach er davon, wie wichtig es sei, auf seine eigenen Gedanken zu achten und sie zu lenken. Er hielt es für entscheidend, innerlich Abstand zum Bedrohlichen des Lebens zu gewinnen und kleinliche Eigeninteressen und Ichbezogenheit zu überwinden. Angesichts eines Bombenangriffs auf das Gefängnis, bei dem Wärter und Gefangene vor Angst erstarrt im Keller saßen, Bonhoeffer aber ganz ruhig blieb, schrieb er später: Wir müssen innere Gedanken denken, die wichtiger sind als unser Leben, zum Beispiel um Ruhe um uns zu verbreiten. Diese Entscheidungsmöglichkeit war für Bonhoeffer ein Akt der inneren Freiheit, einer Freiheit, die ihm bis zum Schluss niemand nehmen konnte.

Ignatius von Loyola, der Begründer des Jesuitenordens, der sich ebenfalls mit diesem Thema beschäftigte, nannte diese Haltung der inneren Freiheit „Indifferenz". Er empfahl eine genaue Prüfung der eigenen Gedanken und Gefühle dahingehend, wozu ein entsprechendes Gefühl oder ein Gedanke führe. Es ging ihm um eine Unterscheidung der Geister, um eine Schulung der Wahrnehmung. Nur so ist es möglich, Menschen und Situationen richtig einzuschätzen und richtige Entscheidungen zu treffen. Jedes Ding und jede Handlung sollte seiner Meinung nach dahingehend geprüft und anschließend gelassen oder gewählt werden, ob sie dem Menschen verhilft, dem Willen Gottes zu folgen. Dem Willen Gottes zu folgen, bedeutet, dem Weg der Liebe und Mitmenschlichkeit zu folgen, den Mut zu entwickeln, zu sich selbst zu stehen und sich für das Gute einzusetzen. Im Sinne Erich Fromms führt die innere Freiheit dazu, dass wir nicht der Sehnsucht nach Unterwerfung unter eine weltliche Autorität, der Sehnsucht nach Unterwerfung unter einen Führer verfallen. Das gilt durchaus auch für die Sehnsucht nach Unterwerfung unter religiöse Autoritäten – welcher Religion auch immer.

Auch in anderen Weisheitslehren finden wir ähnliche Anweisungen wie bei Ignatius, wenn es um den Umgang mit unseren Gedanken und Gefühlen geht. Stellvertretend dafür möchte ich den Yoga-Weg erwähnen. Der indische Gelehrte Patanjali, der zeitlich zwischen 200

Jahren vor und 200 Jahren nach Christus eingeordnet wird, hat diese Erkenntnisse in einhundertfünfundneunzig stichwortartigen Sutras zusammengefasst. Man könnte sie als eine Art Leitfaden auf dem Weg zur Freiheit bezeichnen. In einer differenzierten Weise wird hier das Wirken unseres Geistes dargestellt, und es werden Übungswege aufgezeigt. Neben der Beschreibung des sogenannten „Achtstufigen-Pfades" des Yoga finden wir Übungen zur Beruhigung der Gedanken, zum Stillwerden im Geist, zur Auseinandersetzung mit Täuschung und Illusion.

Patanjali, der einen persönlichen Gott anerkennt, spricht im Yoga-Sutra davon, dass wer Gott (Ishvara) hingegeben ist, auf dem schnellsten Weg zur Freiheit ist. Dazu gehört ebenso das Studium der Schriften, die mit Gott in Verbindung stehen, denn dadurch, so heißt es, sind wir mit dieser Kraft verbunden. Diese Empfehlung könnte man gut auch auf das Lesen der Bibel ausweiten. Auch hinter diesen Geschichten steht eine archetypische Kraft, die es zu entdecken gilt und die wirkt, wenn wir uns damit beschäftigen.

So finden wir in jeder Religion und jeder Weisheitslehre bewährte Empfehlungen, wie man zu einer Freiheit von seinen eigenen Ängsten, Sorgen, Gedanken und Projektionen, von seiner Ichbezogenheit von Hass und Leid kommen kann, um zu einer inneren Zentrierung zu gelangen. Daraus kann eine Freiheit entstehen, die im richtigen Maß auch die Gebundenheit des Menschen und seine Verantwortung der Welt gegenüber einbezieht.

Die christliche Religion empfiehlt uns Gebet, Meditation, Rituale, regelmäßigen Gottesdienstbesuch, das Lesen in den Heiligen Schriften oder die regelmäßige Gewissenserforschung. In unserer bunten Unterhaltungswelt ist es nicht einfach, den Kräften, die nach außen ziehen, eine Bewegung ins Innere entgegenzusetzen. Es erfordert Hingabe und Disziplin und die Bereitschaft, einem Weg treu zu bleiben. Religion kann durch ihre Rituale einen Rahmen dafür bilden, kann Voraussetzungen schaffen und den Menschen auf diesem Weg unterstützen. Deshalb ist auch die Liste der Menschen lang, die innerhalb einer Religion ein hohes Maß an Freiheit erreicht haben und verändernd in die Welt hinein gewirkt haben.

Freiheit in diesem Sinne bedeutet nie Beliebigkeit, ist nie Ego-zentriert; denn die eigene Freiheit endet da, wo die Freiheit des Anderen beginnt. Wird dies nicht berücksichtigt, können sich Freiheitsbestrebungen schnell in ihr Gegenteil verwandeln. So wurden sowohl im weltlichen als auch im religiösen Bereich Gesetze und Regeln geschaffen und menschliche Hierarchien entwickelt, die das Zusammenleben strukturieren und ordnen und eigentlich die Freiheit schützen sollen. Allerdings zeigt uns die Geschichte, dass Gesetze und Hierarchien immer auch missbraucht wurden – auch durch Kirchen und religiöse Konfessionen überall auf der Welt.

Eine ganz persönliche Erfahrung der Verbindung von Hierarchie und Freiheit konnte ich kürzlich im Kloster Heiligenkreuz machen. Der Tagesablauf und das Leben im Kloster sind streng hierarchisch begrenzt. Am Morgen beginnt der Tag um 5.15 Uhr mit dem gemeinsamen Gesang und Gebet in der dunklen romanisch-gotischen Kirche. Noch etwas verschlafen, fragte ich mich, ob ich es schaffen würde, mich täglich einer mehrstündigen Disziplin des Singens und Betens freiwillig zu unterwerfen oder mich in eine Klostergemeinschaft einzuordnen. Anschließend hatte ich dann die Gelegenheit, diese Fragen mit einigen Mönchen zu besprechen. Sie sehen ihren Dienst im Kloster, die Unterordnung unter die Gesetzmäßigkeit des klösterlichen Lebens und die Einordnung in eine klare Hierarchie keinesfalls als Gegensatz zur Freiheit. So sagte ein junger Frater in Bezug auf seine Entscheidung, dass nur aus der Freiheit heraus in der heutigen Zeit eine solche Entscheidung auch durchgehalten werden könne.

Den Schlussgedanken möchte ich gerne Johannes Eckert OSB überlassen, der seit 2003 Abt der Benediktinerabtei St.Bonifaz in München und Andechs ist. In einem Interview zu seinem neuen Buch
„Steht auf!" über die wichtige Rolle der Frau in der Kirche spricht er
in großer Offenheit über die Fragen, die ihn in Bezug auf die Kirche
bewegen. Dazu gehören die Rolle der Frau, die er höher bewertet sehen möchte, das Thema der Wiederverheiratung, das Pflichtzölibat
und einige weitere. Auf die Frage am Ende, ob Gott sich nicht auch
in anderen Religionen offenbaren könne, antwortet er mit dem Hinweis auf eine Kardinal Ratzinger zugeschriebene Aussage: „Es gibt so
viele Wege zu Gott, wie es Menschen gibt. Von daher glaube ich an
die Größe Gottes, der sich in vielen Suchbewegungen von Menschen
offenbart."

Diese Suchbewegung wird sich immer zwischen Freiheit und Ge-
bundensein bewegen, wird dazu führen, Gesetze und Hierarchien
abzulehnen oder sich einzufügen. Religionen erfüllen ihre Aufgabe
dann, wenn sie in den Gläubigen die Kraft des Glaubens erwecken
können, wenn sie den Menschen zu einem inneren Leben führen,
denn nur dort finden wir Geborgenheit und Freiheit. Allerdings muss
sich der Mensch auch selbst auf die Suche machen und sich der Auseinandersetzung zwischen Außenwelt und Innenwelt stellen, in dem
Vertrauen, dass der lebendige Christus-Geist ihn leitet.

(ar)

10

Alles Leben ist eins

Die Idee mag dem einen oder anderen missfallen, aber es spricht doch alles dafür, dass sie zutreffend ist: Die Erde ist eine Entwicklungsschule für gefallene Geistwesen. In der großen kosmischen Familie der Planeten, die Leben enthalten, zählt die Erde leider nicht zu den LICHTPLANETEN. Jene Wesen, die sich auf ihr inkarniert haben, sind weit vom Weg abgekommen. Ohne die Hilfe von Himmelsboten, die freiwillig ihre lichte Heimat verlassen, um ihren Erdengeschwistern zu Hilfe zu eilen, wäre die Menschheit wahrscheinlich kaum in der Lage, aus eigenen Kräften den Weg zurück zu finden. Auch Christus kam, um das Licht der Liebe auf dem blauen Planeten zu verankern. Ohne dieses LICHT stünde die Menschheit heute wohl nicht da, wo sie steht. Seltsamerweise haben gerade jene Organisationen, die von sich behaupten, das Licht Christi zu hüten und weiterzutragen, alles dafür getan, um genau dies zu verhindern. Wo viel Licht ist, ist auch viel Schatten – vor allem auf Planeten, die noch in so großer Gottferne (des Bewusstseins!) ihre Bahnen ziehen.

Doch wie verschlossen und abgeschattet ein Bewusstsein sich auch zeigen mag, es bleibt im Innersten immer erfüllt vom göttlichen Seelenfunken. Dieses unsterbliche Erbe vom Anbeginn der Schöpfung bietet die Gewähr, dass nichts verloren gehen kann, was einst aus der EINEN QUELLE hervorströmte. Über diesen innersten Funken bleibt alles Geschaffene mit Gott verbunden und miteinander verwandt.

Die amerikanische Theologin Judy Cannato hat in ihrer faszinierenden Publikation „Am Anfang war das Feld" auf die innere Verbundenheit allen Lebens hingewiesen. Dabei greift sie nicht auf eine billige Einheitsmystik (Advaita) zurück, sondern beschreibt eine Einheit in Freiheit, die auf wahrem Mitgefühl mit allem Leben gründet. „Das Erkennungszeichen unseres neuen Bewusstseins ist Freiheit, denn nur aus einer Position der Freiheit heraus können wir Menschen von Mitgefühl sein. Nur wer frei ist, kann sich vom Gejammer des Ich ab- und voll dem Leben zuwenden. Wir können nicht ganz sein, wenn wir nicht frei sind. Aber wenn wir frei sind, ermutigen wir auch andere zur Freiheit. Freiheit ist ebenso ansteckend wie Angst; nur hat es zuweilen den Anschein, als kämen wir nicht oft genug mit ihr in Berührung."

Dann bringt sie ihre Weltanschauung in Verbindung mit dem von Rupert Sheldrake entwickelten „morphogenetischen Feld", das aus einer inneren Dimension heraus formbildende Kräfte entfaltet. „Das morphogenetische Feld des Mitgefühls ist da. Es ist jetzt. Menschen auf der ganzen Welt haben sein Kommen beobachtet. Wir können es erkennen, beschreiben und beginnen, es absichtsvoll zu leben. Wunderbare Werkzeuge stehen uns zur Verfügung – und jetzt haben wir auch einander. Zusammen schreiten wir in ein Bewusstsein, das noch nicht kartiert ist – aber wir wissen, dass unsere Energie die Welt verändert." (S.196)

Am Beginn des 21. Jahrhundert haben wir gelernt, welche Kraft Gedanken entfalten. Wir wissen, wie Gedankenformen entstehen und wie sie über große Distanzen wirken. Jeder Mensch beeinflusst die Welt; und die Welt beeinflusst jeden Menschen. Krishnamurti ging sogar so weit zu sagen: „Du bist die Welt." Womit er verdeutlichen wollte, dass *die Welt* nicht etwas Fremdes ist, das uns von außen gleichsam übergestülpt wird, sondern im Innersten von uns mitgestaltet wird. Jeder liebevolle Gedanke stärkt das positive Feld des Lebens, jeder negative dagegen die Gegenkraft.

Der amerikanische Arzt Larry Dossey, einer der großen Pioniere für eine neue, ganzheitliche Heilkunst, hat in seinen Büchern immer wieder darauf hingewiesen, dass es ganz offensichtlich ein „Heilungsfeld" gibt, das zu erreichen und sich mit ihm zu verbinden in der Möglichkeit des Menschen liegt. Die quantenphysikalische Einsicht von der „Nichtlokalität" scheint ihm dafür die Grundlage zu bieten. Sein Gedanke könnte, auf die Wirklichkeit des lebendigen Christus im Kosmos bezogen, auch die Erklärung liefern, warum Christus das „Licht der Welt" ist. „Eine der größten Entdeckungen unseres Jahrhunderts – vielleicht aller Jahrhunderte – könnte die nichtlokale Verbundenheit der spektakulären Vielfalt von Wesenheiten sein, die unser Universum bilden. Wie wir gesehen haben, besteht und zeigt sich diese Verbundenheit zwischen subatomaren Teilchen, mechanischen Systemen, Menschen und Maschinen, Menschen und Tieren und Menschen untereinander. Wenn dieses nichtlokale Band zwischen Menschen wirkt, nennen wir es Liebe."

Wer nach einer Erklärung sucht für das, was Mystiker wie Flower A. Newhouse oder Wellesley Tudor Pole in ihren Schauungen die „Durchdringung der Erde durch das Christuslicht" nannten, der mag hier fündig werden. Der spirituelle Sucher wird dieses LICHT in seinem Herzen finden – und das genügt ihm vollauf als Erklärung. Dieses LICHT ist es, das die Welt erhellt und ihren Bewohnern den sicheren Weg weist, um die Dunkelheit der Gottferne hinter sich lassen zu können.

(pm)

Teil III

Christus-Erfahrungen im täglichen Leben

Hätte ich nicht eine innere Kraft...

So heißt der Titel eines Buches, herausgegeben von Susanna Emerich, über das Leben des katholischen Theologen Carl Lampert, der
1944 von den Nationalsozialisten ermordet wurde, nachdem er vier
Jahre in verschiedenen Gefängnissen und im KZ verbracht hatte.
Dieses Zitat stammt aus einem seiner Briefe: „Hätte ich nicht eine
innere Kraft, so möchte man verzweifeln an solchem Wahnsinn des
Lebens." Nach seinem Todesurteil schrieb er an seinen Bruder, dass
ihm nun fast alles einschließlich seines Lebens genommen worden
sei. Dieser Brief endet mit dem Satz: „Aber die Liebe stirbt niemals."
Diese Liebe, die alles übersteigt, hatte er in den Jahren seiner Ge-
fangenschaft als mystische Erfahrung einer tiefen inneren Verbindung mit Gott erlebt; und diese innere Verbundenheit und der tiefe
Glaube gaben ihm in der Einsamkeit der Kerkerzelle Trost, Mut und
Vertrauen. Die allumfassende Liebe, die er in sich spürte, zeigte sich
auch darin, dass er sich um seine Lieben zu Hause sorgte. Bei ihnen
und allen Leidenden des Krieges war er mit seinen Gedanken und
seinem inständigen Gebet bis zum letzten Atemzug.

Das Bild der „inneren Kraft" möchte ich dem praktischen Teil des
Buches voranstellen, denn Gotteserfahrung und Glaube müssen sich
im Leben bewähren. Spirituelle Erfahrungen müssen unserem Leben Halt, Vertrauen, Mut und Kraft geben, wenn sie aus einer echten
Quelle stammen. Wenn wir eine solche Erfahrung machen, wird ein
ganz tiefer Anteil unseres Seins erweckt und mit Energie versorgt,

wie uns die Biografien der Mystikerinnen und Mystiker zeigen. Mystische Erfahrung ist beides, sowohl transzendent als auch ganz real, gleichzeitig geheimnisvoll und voller Energie. Das führt dazu, dass man Menschen mit einer solch tiefen Erfahrung immer auch an ihren „Früchten" und nicht nur an ihren Worten erkennt, an ihrem Wirken in der Welt. Auch wenn wir hoffentlich nicht in die Lage kommen, dass sich unser Glaube unter so schweren Umständen wie bei Edith Stein, Dietrich Bonhoeffer oder Carl Lampert und vielen anderen bewähren muss, gibt es gewiss für jede und jeden von uns im Leben ausreichend Gelegenheiten, in denen wir diese innere Kraft brauchen – für uns und für andere.

Zunächst möchte ich einige Fragen beantworten, die von Interesse sein könnten:
Was haben die Mystikerinnen und Mystiker erlebt, und was kann für uns heute noch von Bedeutung sein?
Was können wir selbst tun, um uns für mystische Erfahrungen zu öffnen?

Was die Beschreibungen mystischer Erfahrungen verbindet, ist das Gewahrwerden einer besonderen Gottgegenwart oder Christusgegenwart, einer „Geistesgegenwart", die in den Alltag hineinwirkt. Für die Mystikerinnen und Mystiker ging es darum, diese Gegenwart in einer direkten persönlichen Begegnung mit allen Dingen zu erfahren. Da eine solche Erfahrung nicht wirklich mit Worten zu beschreiben ist, wurden und werden symbolhafte Umschreibungen gewählt, wie strahlendes Licht, blitzartige Erkenntnis, Verschmelzung oder tiefe innere Stille. Da dies für viele Menschen nur schwer nachvollziehbar ist, wurden mystische Erfahrungen oft angezweifelt, abgelehnt und sogar bekämpft. C. G. Jung, der zuweilen als Mystiker unter den Psychoanalytikern bezeichnet wird, hat sich zeitlebens mit der dem Menschen innewohnenden Religiosität – heute würde man sagen Spiritualität – beschäftigt. In seinem Werk „Zur Psychologie westlicher und östlicher Religion" schreibt er: „Es ist gleichgültig, was die Welt über die religiöse Erfahrung denkt, derjenige, der sie hat, besitzt einen großen Schatz einer Sache, die ihm zu einer Quelle von Leben, Sinn und Schönheit wurde, und die der Welt und der Menschheit einen neuen Glanz gegeben hat." (S. 116)

Im ersten Teil dieses Buches wurden sehr unterschiedliche mystische Wege beschrieben. Dennoch haben alle das Zentrum des Glaubens zum Ziel und die Verbindung mit dem All-Einen, die „unio mystica". Diese verschiedenen Wege können in enger Verbindung mit unserem Wesen, mit unseren Neigungen und Anlagen gefunden werden. Stellvertretend möchte ich einige Wege nennen:

- Der Weg in die Einsamkeit der Wüste – die Wüstenväter
- Der Weg der visionären Erfahrungen – Hildegard von Bingen oder Birgitta von Schweden
- Der Weg der bedingungslosen Liebe – Franz von Assisi
- Der Weg des Leidens – Mystikerinnen, die großes Leid ertrugen (durch Stigmatisierung und/oder Krankheit) im Vertrauen auf Gott und im Gebet für andere wie die Heilige Anna Schäffer
- Der Weg des Dienstes – Ignatius von Loyola
- Der Weg der ekstatischen Vereinigung – Teresa von Ávila
- Der Weg der kindlichen Liebe – Thérèse von Lisieux

Eine ganz ähnliche Unterscheidung der Wege zur Einheit mit der Gottheit finden wir auch in einer der wichtigsten heiligen Schriften des Yoga, der Bhagavad Gita (Gesang des Erhabenen). Krishna, als göttliche Manifestation des Gottes Vishnu, vermittelt hier seinem Schüler Arjuna seine ganze Welt- und Lebensanschauung. Auch hier wird von den verschiedenen Wegen zur Gotteserfahrung gesprochen, vom Weg des Wissens, vom Weg der Meditation, vom Weg der Hingabe, dem Weg der Tat oder dem Weg der reinen Liebe. Daneben finden wir in den Aussagen Krishnas vieles wieder, was uns die Mystiker als Weisheit hinterlassen haben. Auch Krishna spricht zu seinem Schüler von einem harten Kampf, den dieser vor allem mit sich selbst auszufechten hat, wenn es um den inneren Weg geht. Der Feind ist dabei im eigenen Inneren zu suchen, in den Widerständen, in Gier und Neid, in Angst und Feigheit. Diese Auseinandersetzung mit sich selbst gehört essenziell zu den mystischen Wegen.

Die institutionelle Kirche wurde von vielen Mystikerinnen und Mystikern der vergangenen Jahrhunderte in der Regel nicht infrage gestellt, ihre Autorität als alleinige Vermittlerin einer Gottesbegegnung allerdings sehr wohl. In den dunkelsten Zeiten der Kirche konnte deshalb nur überleben, wer in geschickter Weise oder durch glückliche Umstände begleitet diesen Konflikt zu umgehen wusste. Nicht möglich war dies für die französische Mystikerin und theologische Schriftstellerin Marguerite Porete (geboren um 1250). Ihre Worte sind für uns heute noch im Sinne einer Wegweisung von Bedeutung. Deshalb möchte ich an dieser Stelle auf Marguerite Porete eingehen.

Mit ihrer Schrift „Spiegel der einfachen Seelen" rief sie den Widerstand der Kirche hervor. Obwohl dieses Buch bereits verbrannt worden war und sie um ihr Leben fürchten musste, war sie nicht bereit, ihre aus eigenständigem Denken und tiefem inneren Erleben entstandenen religiösen Überzeugungen zu widerrufen. Obwohl sie auch in der Kirche einflussreiche Befürworter hatte, wurde sie vom Inquisitionsgericht zum Tode verurteilt und am 1. Juni 1310 in Paris öffentlich verbrannt. Freiheitbestrebungen stellten für die Kirche damals eine Bedrohung dar, der man in der Zeit der Inquisition mit extremer Gewalt begegnete. Und gerade von der Freiheit des Geistes handelten die Schriften von Marguerite Porete. Darin rief sie die Menschen auf, sich mit sich und seinem Leben auseinanderzusetzen. Heute würde man sagen, sich bewusst zu werden. In ihrem Werk schildert sie, wie die Seele sich von den Unzulänglichkeiten der menschlichen Vernunft und auch der allgemeinen herkömmlichen Tugenden zu verabschieden hat, um sich in Liebe und Hingabe mit der göttlichen Liebe zu verbinden und dieser Liebe zu folgen. Diese Verbindung, so schreibt sie, führt am Ende zu einer ungeahnten Freiheit des Geistes. Eine kritiklose Unterordnung unter die Autorität war für sie deshalb nicht mehr möglich.

Zusammenfassend kann man sagen, dass mystische Erfahrung nicht zu einer Abkehr von der Welt, nicht zu einem Um-sich-kreisen führt, sondern zu einer ganzheitlichen Entwicklung des Menschen. In unterschiedlich deutlicher Ausprägung führt sie:

- zu klarerer Selbsterkenntnis, das heißt auch der Erkenntnis des Schattens und der eigenen Abhängigkeiten
- zur Stärkung des Willens, Egoismus und Schwachheit – zu überwinden durch Hingabe an das Höchste
- zu einer tiefen Begegnung mit Christus und einer überfließenden Liebe
- zu einer Erfahrung von Gott in seiner männlichen und weiblichen Form beziehungsweise in seiner „Nicht-Form", die mit keinen Worten zu beschreiben ist, und die dazu führt, Gott in allen Dingen zu erkennen
- zur Öffnung des Blicks für das Verbindende, ohne das Trennende zu übersehen
- zu einem Wachstum an Liebe und Toleranz
- zu einer größeren Freiheit des Geistes, die sich auf das Verhalten der Welt gegenüber auswirkt, unter anderem in Form von Kraft zum Handeln aus der Liebe heraus, Mut zum Widerstand oder zur Bewahrung von Würde inmitten von Verfolgung, Leid und Tod.

Das alles und vieles mehr gilt zwar vor allem für die großen Erfahrungen der Mystiker, aber auch für die „kleinen" mystischen Erfahrungen unseres Lebens. Sich auf diesen Weg zu machen, bedeutet, sich in gewisser Weise auf ein Abenteuer einzulassen, sich auf die innere Stimme, die Intuition und letztlich auf die göttliche Führung und Weisung zu verlassen. Das bedeutet nicht, die Verantwortung abzugeben, sondern eher mehr Verantwortung zu übernehmen für sich und die Welt. Allerdings wird der kritische Verstand nicht immer damit einverstanden sein, seine Dominanz und kritische Bewertung aufzugeben. Er liebt es nämlich nicht, die Kontrolle los- und sich auf neue Erfahrungen einzulassen, die ihn selbst übersteigen. Das bedeutet dennoch nicht die Ablehnung der verstandesmäßigen intellektuellen Seite, denn mystische Erfahrung betrifft und fordert den ganzen Menschen. Zum einen ist die seelische Qualität des Loslassens und der inneren Aufnahmebereitschaft notwendig, die C. G. Jung der Anima, der weiblichen Seite im Menschen, zuschreibt. Zum anderen brauchen wir auch die vernunftbegabte Seite, die sich allerdings dann in den Dienst der inneren Erfahrung, der Gotteserfahrung, stellen muss, um in der Welt in richtiger Weise wirken zu können. Ein Zitat der Mystikerin Flower Newhouse drückt dies treffend aus: „Christus beabsichtigte nicht, den Menschen einen einfachen Weg zu weisen. Der Einzelne sollte an sich selbst und gemeinsam mit anderen arbeiten, um zu erstarken. Es ist nicht sein Weg, sich als Einsiedler an einen entfernten Ort zurückzuziehen und andere auszuschließen, sondern dort, wo er gerade steht, ununterbrochen transformierend zu wirken."

Mystische Erfahrung im Alltag

Mystische Erfahrungen kann man nicht „machen", sie geschehen in der Meditation oder irgendwo mitten im Leben. Aber man kann sich darauf vorbereiten. Die Mystikerinnen und Mystiker und alle Religionen und großen Weisheitslehren der Welt geben uns Hinweise darauf, wie wir uns vorbereiten können. In der christlichen Tradition gehören dazu die Sakramente, das Mitfeiern der religiösen Feste und der Besuch der Heiligen Messe oder des Gottesdienstes und das gemeinsame Gebet. Darüber hinaus können uns persönliche Rituale wie Meditation, Kontemplation, Gebet, Achtsamkeitsübungen oder Übungen zur Vertiefung der Intuition in eine Haltung von innerer Offenheit bringen. Wir können unser inneres Hören und Sehen schulen, indem wir die äußeren Sinnesorgane verschließen, wie in dem Begriff „Mystik" bereits ausgedrückt ist. Wir sollten uns als Führer auf diesem Weg Christus wählen. Dazu ruft uns jedenfalls sein Wort „Ich bin der Weg, die Wahrheit und das Leben" auf.

Flower Newhouse nennt als ersten Schritt auf dem inneren Übungsweg das Erwachen. Vielleicht stellen Sie sich die Frage, ob wir nicht eigentlich mehr zur Ruhe kommen sollten anstatt zu erwachen? Richtig verstanden, geht es um ein Erwachen, das mit bewusster achtsamer Wahrnehmung zu tun hat und gleichzeitig eine innere Ruhe oder Stille voraussetzt – es geht also um beides. Wie oft verbringen wir die Stunden unseres Tages mit automatischen Handlungen, hetzen von einem Termin zum anderen und „entspannen" uns mit aufregenden Filmen. Oft wissen wir am Ende des Tages kaum, was wir in den vergangenen Stunden wirklich gedacht oder gefühlt, was wir gegessen haben oder wie es den Menschen wirklich ging, denen wir heute begegnet sind. Wie Schlafwandler verbringen wir Menschen zuweilen unsere wertvolle Lebenszeit. Wollen wir in eine tiefe innere Verbindung mit unserem inneren Wesen kommen, müssen wir immer wieder diesen automatischen Strom des Lebens unterbrechen, um bewusst zu hören und zu sehen, zu fühlen und zu denken. Nur so können wir in klarer Wachheit das Äußere und das Innere wahrnehmen. Geistig wach zu sein, ganz anwesend zu sein, bedeutet vor allem auch, sich der Gegenwart einer größeren Kraft bewusst zu sein, die durch uns wirkt. Um mit den Worten der Mystikerinnen und Mystiker zu sprechen, bedeutet es, sich der Anwesenheit Gottes in uns und im anderen bewusst zu sein. Die indische Begrüßungsformel „Namasté" drückt das in wunderbarer Weise aus. Auf die Frage Albert Einsteins, was das Wort bedeutet, soll Mahatma Gandhi gesagt haben:

„Ich ehre den Platz in dir, in dem das gesamte Universum wohnt.
Ich ehre den Platz des Lichts, der Liebe, der Wahrheit, des Friedens
und der Weisheit in dir. Ich ehre den Platz in dir, wo, wenn du dort
bist und auch ich dort bin, wir beide eins sind."

Erwachen meint, sich nicht mehr ausschließlich mit den flüchtigen
Erscheinungen des Lebens zu identifizieren, sondern hinter die Dinge zu schauen. Wenn wir erwachen, können wir entscheiden, ob wir
uns ein Leben lang in die Dramen der eigenen Geschichte verwickeln
oder frei werden wollen. Diese Freiheit setzt aber voraus, dass wir eine
innere stabile Verbindung haben, um auf eine tiefere Ebene zu kommen, auf der wir nicht egoistisch, kleingeistig und ängstlich sind. Für
die Mystikerinnen und Mystiker ist dies in der Nachfolge Christi, in
der Verbindung mit der Quelle allen Seins, möglich geworden.

In der christlichen Tradition und in den östlichen Weisheitslehren
gibt es viele Beschreibungen und hilfreiche Übungen, wie wir auf
diesem Weg hin zu mystischen Erfahrungen weitergehen können.

Die innere Stille als Wegbereitung
Wenn es nur einmal so ganz stille wäre.
Wenn das Zufällige und Ungefähre
Verstummte und das nachbarliche Lachen,
wenn das Geräusch, das meine Sinne machen,
mich nicht so sehr verhinderte am Wachen –:

Dann könnte ich in einem tausendfachen
Gedanken bis an Deinen Rand Dich denken
Und *Dich* besitzen (nur ein Lächeln lang),
um *Dich* an alles Leben zu verschenken
wie einen Dank.

Rainer Maria Rilke – Das Stundenbuch vom mönchischen Leben

Die Stille ist in gewisser Weise der Anfang und das Ziel des Weges. Da ist zum einen die Stille im Äußeren, dann das Stillwerden der Geräusche, der Gedanken und Gefühle in unserem Inneren, und schließlich die „Stille hinter der Stille", die in eine mystische Erfahrung münden kann.

Die Stille gehört heute zum kostbarsten Gut des Menschen. Überall sind wir von technischen Geräuschen, von Stimmen, Lärm oder Musik umgeben. So wird es immer schwerer, Oasen der Stille im Äußeren zu finden, und daher immer wichtiger, sie in unserem Inneren zu schaffen. Die Yoga-Praxis lehrt uns im sogenannten „Achtstufigen Pfad" das Zurückziehen der Sinne als Weg zur inneren Stille, als Voraussetzung für Konzentration und Meditation und als Vorbereitung für die Erfahrung der inneren Einheit. Das beinhaltet neben dem Umgang mit den äußeren fünf Sinnen vor allem das Zurückziehen des immer rastlosen Denksinns; denn dieser rastlose „Denksinn" verursacht „Geräusche", die uns – wie Rilke schreibt – so sehr am Wachen hindern. Erst in der Stille, besser noch in der „Stille hinter der Stille", glaubt Rilke IHN bis an den Rand denken zu können. Erst dann kann man dem Geheimnis des Göttlichen näher kommen, um es „ein Lächeln lang" zu besitzen und an alle zu verschenken.

Naturerfahrungen können auf diese innere Stille vorbereiten, ein Spaziergang im frühmorgendlichen Wald, eine Bergwanderung bei Sonnenaufgang oder eine Nacht allein unter dem Sternenhimmel. Das Neue Testament erzählt uns, wie Jesus sich auf der Suche nach Stille in die Wüste zurückzog. In der christlichen Tradition kennen wir solche Wüstenerfahrungen in Form von Schweige-Exerzitien. Aber schon die Erfahrung, eine Weile allein in einer stillen Kirche zu sitzen, kann uns ein Gefühl dafür vermitteln, was hinter der Stille auf uns wartet. Da sind zwar manchmal Ängste, Verlassenheitsgefühle oder Schattengestalten, die auftauchen, aber oft auch ein tiefes Gefühl der Ruhe und der inneren Freiheit.

Mit der nachfolgenden Übung können Sie einerseits zur Ruhe kommen, indem Sie die Gedanken auf einen Punkt lenken, und andererseits gleichzeitig die Bewegungen der Gedanken „im Auge behalten". Die Übung eignet sich als Vorbereitung auf die Meditation.

Übung – Ein-Punkt-Konzentration

Setzen Sie sich aufrecht hin, die Wirbelsäule ist aufgerichtet, den Nacken lang gedehnt, der Scheitel strebt nach oben.
Schließen Sie die Augen, wenden Sie die geschlossenen Augen leicht nach innen und oben.
Lenken Sie Ihre Wahrnehmung auf den Atem. Beobachten Sie das Ein- und Ausatmen, das wie eine Welle durch den Körper fließt. Benennen Sie das Einatmen mit „ein" und das Ausatmen mit „aus".
Stellen Sie sich jetzt vor, Sie sitzen am Ufer eines Teiches. Alles ist ganz still, kein Lüftchen regt sich. Die Wasseroberfläche ist ruhig und spiegelglatt. Stille um Sie herum. Beobachten Sie in dieser Stille die ruhige Wasseroberfläche.
Jetzt taucht eine Luftblase auf, sie kommt aus der Tiefe des Teiches und durchbricht die spiegelglatte Wasseroberfläche. Sie wird größer und platzt.
Es entstehen Kreise, wie sanfte Wellen um die Blase herum, die sich über den ganzen Teich ausbreiten und nach außen hin immer flacher werden.
Bleiben Sie mit Ihrer Achtsamkeit auf die Mitte konzentriert, und beobachten Sie wie aus den Augenwinkeln, wie die Wellen nach außen fließen.
Die Wasseroberfläche wird wieder völlig glatt.
Wiederholen Sie diesen Vorgang mehrmals.
Stellen Sie sich vor, der Teich sei ein Symbol für Ihr eigenes

Bewusstsein. Immer wieder tauchen Gedanken, Erinnerungen, Empfindungen auf – und lösen sich wieder auf. Sie bleiben stets auf die Mitte konzentriert und beobachten die Bewegungen Ihres Geistes aus der Mitte heraus, wie aus den Augenwinkeln.

Schließen Sie sich aber nicht dem Kommen und Gehen der Wellen an, sondern bleiben Sie auf die Mitte konzentriert.

Bleiben Sie am Ende noch eine Weile „bildlos" in der Stille sitzen.

Öffnen Sie die Augen und spüren Sie noch eine Weile dem nach, was aufgetaucht ist, bevor Sie sich wieder der Außenwelt zuwenden.

Wenn Sie etwas Erfahrung mit dieser Übung haben, können Sie auch bewusst Gedanken auftauchen lassen, die sich hartnäckig festgesetzt haben und die Sie loslassen möchten. Stellen Sie sich den Gedanken wie die auftauchende Luftblase vor. Während Sie auf die Mitte konzentriert sind und Ihr Geist ruhig bleibt, kann der Gedanke langsam mit den nach außen fließenden Wellen gehen und Raum in Ihrem Geist schaffen. Mit dem ruhigen und klaren Geist können Sie leichter das Wesentliche vom Unwesentlichen trennen und Ihre Intuition wahrnehmen.

Achtsamkeit schulen

Ignatius von Loyola (1491-1556), der Begründer des Jesuitenordens, ging davon aus, dass Gott sich nicht nur den Auserwählten mitteilt, sondern jedem Menschen. Voraussetzung ist, dass der Mensch wirklich bereit ist, sich von innen heraus führen zu lassen. Dazu ist Achtsamkeit notwendig, um diese „Stimme" von den vielen anderen Stimmen in unserem Inneren zu unterscheiden. Ignatius schlägt deshalb vor, nicht nur auf das zu lauschen, was wir innerlich wahrnehmen, sondern achtsam zu beobachten, was an inneren Regungen ausgelöst wird und wohin diese Regungen ziehen. Daraus können wir erkennen, aus welcher Quelle dieser Impuls stammt. Ignatius hat Regeln für die Unterscheidung der Geister entwickelt, die sich nach dem jeweiligen Entwicklungsstand des Menschen richten. Seine geistlichen Exerzitien, die Achtsamkeit und Bewusstheit schulen, sind auch für den modernen Menschen eine lohnenswerte Quelle der Weisheit, die nicht zuletzt der praktischen Lebensbewältigung dient. Die „Unterscheidung der Geister" im Sinne von Ignatius bedeutet nicht nur, die göttliche Führung deutlicher wahrzunehmen, sondern auch, uns selbst besser kennenzulernen. Nur so können wir unsere wahren Antriebe und Motive hinter unserem Tun erkennen, die eigenen Schattenseiten und Süchte von unserer wirklichen Sehnsucht unterscheiden.

Je kleiner die eigenen Größenphantasien, die Vorstellungen von der Wichtigkeit der eigenen Person und unsere Ängste werden, umso mehr Raum ist für die Begegnung mit dem Christus, der in uns wohnt, wie Paulus es in einem Brief an die Galater ausdrückt: „Ich lebe, doch nun nicht ich, sondern Christus lebt in mir." (Gal. 2,20) In dieser Verbindung sind wir im Einklang mit der Lebensquelle unseres Seins und können aus ihr schöpfen.

Die Übung der Achtsamkeit nimmt auch in der Yoga-Lehre einen großen Raum ein. Sie ist die Vorbereitung für Konzentration und Meditation und für die Erfahrung der Einheit, die als letzte Stufe im sogenannten „Achtstufigen Pfad" beschrieben wird. Die Übung der Achtsamkeit muss bei den kleinen Dingen des Alltags beginnen, denn das achtsame Wahrnehmen des Augenblicks, das ganz Präsentsein im „Jetzt", führt zu größerer Bewusstheit des Lebens. Vergangenem nachzuhängen oder auf die Zukunft zu hoffen, lässt uns oft achtlos vorbeigehen an der Schönheit des Augenblicks. Achtsamkeit macht uns sensibler für die Freude an unserem Atem, an der Lebendigkeit unseres Körpers und für echte Begegnung mit einem anderen Menschen. Achtsamkeit ermöglicht es uns, eigenständiges Denken von Reaktionen zu unterscheiden, die auf alten eingeübten Denk- und Verhaltensweisen basieren. Nur so können wir vermeiden, dass wir nach alten Mustern handeln oder Strategien immer noch anwenden, obwohl sie nicht mehr hilfreich sind.

Eine Übung aus dem Yoga „Antar Mouna" (innere Stille) eignet sich besonders zur Klärung unserer Gedanken und erfordert dabei ein hohes Maß an Achtsamkeit und Wachheit. Dabei üben Sie, sich selbst zu betrachten, Zeuge Ihrer Gedanken und Gefühle zu werden. Gedanken und Gefühle werden in dieser Übungspraxis genauso wie Körperempfindungen unter dem Begriff „Gedanke" zusammengefasst. Man kann die Übung als eine Art mentales Reinigungsritual verstehen, das uns frei macht und vorbereitet auf die Meditation.

Übung – Innere Stille

Nehmen Sie eine aufrechte Sitzhaltung ein, der Rücken ist gerade, die Schultern entspannt, Arme und Hände entspannt.
Schließen Sie die Augen. Richten Sie die geschlossenen Augen zur Mitte und leicht nach oben, als würden Sie von innen in den Raum hinter Ihrer Stirn schauen.
Beobachten Sie den Atem, nehmen Sie wahr, ob der Atem lang oder kurz ist, tief oder flach.
Beobachten Sie jetzt auftauchende Gedanken, Gefühle oder Körperempfindungen.
Alles, was auftaucht, nehmen Sie wahr, benennen es kurz mit „Gedanke" und lassen es weiterziehen, wie Wolken am Himmel.
Halten Sie keinen Gedanken fest – ob positiv oder negativ.

Führen Sie diese Übung so lange wie möglich durch – mindestens aber fünf Minuten – und lassen Sie so Ihren Geist zur Ruhe kommen, bevor Sie sich wieder der Außenwelt zuwenden.

Im Nachspüren können Sie noch einmal beobachten, welche Gedanken aufgetaucht sind, welche Gefühle dabei ausgelöst wurden und was es möglicherweise noch zu bearbeiten gilt.

Meditation und Kontemplation

Nach seiner Herkunft kommt unser Begriff „Meditation" aus dem Lateinischen und kann mehrdeutig übersetzt werden. Meditation (von lateinisch „meditari" bzw. „meditatio") bedeutet so viel wie nachsinnen, nachdenken oder auch „exerzitienmäßig" üben.

Meditation bedeutet eine erhöhte Bewusstheit, kein „Vor-sich-hin-Dösen" oder eine Art Halbschlaf. Sie erfordert die Bereitschaft zur Übung und zur Hingabe an einen gewählten Weg.

„Meditation erhebt die menschliche Person erst ganz in ihre eigene Verfügung und Freiheit gegenüber dem Getriebensein von außen". Diese Beschreibung, die ich in einem alten Meditationsbuch gefunden habe, gefällt mir in ihrer Klarheit gut. Für den mystischen Weg ist die Meditation eine besonders geeignete Vorbereitung oder besser Wegbegleitung.

Meditation ist in erster Linie ein Erfahrungsweg. So wie man niemandem erklären kann, wie ein Apfel schmeckt, muss man selbst herausfinden, wie die Meditation „schmeckt".

Als Kontemplation bezeichnet man die christliche Praxis der Meditation, die sich auf geistige und religiöse Inhalte bezieht. Bereits im römischen Reich kannte man diese Praxis. Dabei betrachtete man den himmlischen Bereich „templum" und einen bestimmten heiligen irdischen Raum, den man ebenfalls als „templum" bezeichnete. In einer Art innerer Schau versuchte man, diese beiden Bereiche zusammenzubringen, das Himmlische und das Irdische zu verbinden. In der christlichen Kontemplation soll der Mensch in einer Haltung der inneren Offenheit auf Gott lauschen. Die Erfahrung der Einheit, die „unio mystica", wird nicht durch den Meditierenden oder Betenden selbst hergestellt, sondern ereignet sich in der Kontemplation als Geschenk oder Gnade Gottes.

Ignatius von Loyola beschrieb die Kontemplation in seinen geistlichen Übungen als mystischen Weg der Vereinigung mit Gott. So schlägt Ignatius vor, das Leben Jesu in kontemplativer Weise zu verinnerlichen, jeden Schritt mit ihm zu gehen, ihn ganz in unserem Inneren mitzuvollziehen. Die verschiedenen Stufen der Kontemplation dienen auch der Selbsterkenntnis und inneren Entwicklung.

Vier Schritte auf dem Weg zur Meditation

Bereiten Sie den Meditationsplatz vor und wählen Sie eine Sitzmöglichkeit. Geeignet sind ein Bänkchen, ein Sitzkissen oder auch ein Stuhl, auf dem Sie eine Weile bequem und aufrecht sitzen können. Hilfreich ist außerdem eine Meditationsuhr (Teeuhr), die Sie zunächst auf fünf Minuten einstellen sollten. Nach und nach sollten Sie den Zeitraum für ihre Meditation etwas verlängern. Günstig wäre auch, wenn Sie jeweils zur gleichen Zeit meditieren.

1. Den Körper vorbereiten – mit Bewegung oder Entspannung
Nehmen Sie sich Zeit, Ihren Körper auf die Meditation vorzubereiten. Manchmal ist es ausreichend, sich ein paar Minuten lang zu bewegen und sich genüsslich zu dehnen. Manchmal brauchen Sie vielleicht dynamische Bewegung, um Spannungen abzubauen, manchmal eine Entspannungsübung. Spüren Sie, was Ihr Körper möchte.

2. Den Atem spüren – durch achtsames Wahrnehmen
Beobachten Sie die Atembewegung im Körper. Nehmen Sie wahr, ob

Ihr Atem lang oder kurz ist, ob er mehr im Bauch- oder Beckenraum zu spüren ist. Nehmen Sie den Atem auch im Bereich der Nase wahr und im oberen Lungenspitzenbereich.

3. Die eigene Befindlichkeit wahrnehmen – ohne Wertung, denn alles darf sein
Lassen Sie sich einige Atemzüge lang Zeit, um einfach nur wahrzunehmen, wie es Ihnen gerade geht. Nehmen Sie auftauchende Gedanken und Gefühle wahr und lassen Sie alles, was auf der Oberfläche Ihres Bewusstseins erscheint, wieder gehen, so wie es gekommen ist.

4. Konzentration – die Aufmerksamkeit auf ein Objekt richten
Wählen Sie ein „Meditationsobjekt" wie:

- ein Christus-Bild oder ein Bild von Maria
- einen Satz aus einem Gebet, etwa aus dem Vaterunser: Dein Wille geschehe, wie im Himmel so auf Erden
- den Namen „Jesus Christus"; vergegenwärtigen Sie sich dabei, dass dieser Mensch Jesus uns den Weg gezeigt hat zum wahren Menschsein
- ein Jesus-Wort aus dem Neuen Testament, zum Beispiel aus Johannes 14,6: „Ich bin der Weg, die Wahrheit und das Leben"
- einen Satz aus einem Paulus-Brief, etwa aus dem 1. Korintherbrief, Vers 13: „Wenn ich mit Menschen- und mit Engelzungen redete und hätte der Liebe nicht, so wäre ich ein tönendes Erz oder eine klingende Schelle"
- die innere Stille
- das innere Licht

Übung

Setzen Sie sich aufrecht hin, der Rücken ist gerade, der Nacken lang, der Kopf thront auf der Wirbelsäule.

Legen Sie die Handflächen aneinander und berühren Sie mit den Fingerspitzen Ihre Stirn und den Herzpunkt als Zeichen, dass Sie die Meditation beginnen.

Legen Sie die Hände auf die Oberschenkel, die Handflächen schauen nach oben.

Legen Sie die Kuppen von Daumen und Zeigefingern aneinander, so dass Daumen und Zeigefinger einen Kreis formen, und strecken Sie die anderen Finger leicht.

Oder:

Legen Sie den Handrücken der rechten Hand in die linke Handfläche, die wie eine Schale geöffnet ist. Beide Hände liegen vor dem Unterbauch, Schultern und Arme sind entspannt, die Daumen berühren sich leicht.

Beobachten Sie den Atem oder wählen Sie eine Ihnen vertraute Atemübung.

Nehmen Sie wahr, wie Sie sich fühlen, lassen Sie jeden Gedanken, jedes Gefühl, jede Körperwahrnehmung wieder gehen.

Konzentrieren Sie sich auf das von Ihnen gewählte Bild oder Wort. Halten Sie die Konzentration, kehren Sie zurück, wenn die Gedanken abschweifen. Vertiefen Sie sich immer mehr, bis die Konzentration übergeht in einen Zustand der Meditation.

Achten Sie zwischendurch darauf, dass der Rücken aufrecht und Ihre Schultern entspannt bleiben.

Legen Sie dann die Handflächen wieder aneinander und berühren Sie mit den Fingerspitzen die Stirn und den Herzbereich als Zeichen dafür, dass Sie Ihre Meditation beenden.

Lassen Sie sich ein wenig Zeit, bis Sie Ihre Wahrnehmung wieder in die Außenwelt richten.

Meditation auf das innere Licht

Bereiten Sie sich in gleicher Weise wie vorher beschrieben auf die Meditation vor.

Stellen Sie sich eine stabile Verbindung zur Erde vor, als würden Sie sich verwurzeln wie ein Baum.

Spüren Sie durch Ihren Körper hindurch bis zum Scheitel und stellen Sie sich eine Verbindung zum Himmel vor.

Konzentrieren Sie sich auf das Jesus-Wort: Ich bin das Licht der Welt. Wiederholen Sie es mehrmals und bleiben Sie am Ende bei dem Begriff „Licht".

Visualisieren Sie dieses Licht über Ihrem Scheitel in Form einer Lichtkugel, leuchtend und schwerelos.

Lassen Sie die Kugel langsam nach unten sinken über Ihren Scheitel in den Kopf. Das Licht erfüllt den ganzen Kopf, alle Sinnesorgane, das Gesicht.

Das Licht fließt weiter über die Schultern, Arme und Hände in den Brustkorb.

Das Licht fließt durch Ihr Becken in die Beine und Füße.

Sie sind erfüllt von diesem Licht. Lassen Sie das Licht in sich wirken.

Wenn Sie die Augen öffnen, bleibt das Licht bei Ihnen. Über dieses Licht sind Sie mit Christus verbunden.

Gebet

In einem Buch mit dem Titel „Perlen jüdischer Weisheit" habe ich folgende Geschichte gefunden:

Jeschajahu Leibowitz sagte: „Es gibt zwei Weisen, den Glauben zu haben: Es gibt solche, die an Gott glauben, und solche, die an die Hilfe Gottes glauben. Der Richter Haim Kohen, in Israel eine angesehene intellektuelle Persönlichkeit, sagte mir eines Tages, nach Auschwitz habe er den Glauben an Gott verloren. Ich entgegnete ihm, dann habe er ihn nie gehabt; denn er habe in Wirklichkeit an die Hilfe Gottes geglaubt, und da sie nicht eingetroffen sei, habe ihn das enttäuscht. Der wahre Glaube hänge in keiner Weise von der Hilfe ab, die Gott einem geben könne oder nicht."

Genau um diese Hilfe zu erhalten, beten wir Menschen seit Jahrhunderten. Manchmal werden diese Gebete erhört, genauso wie wir es uns wünschen. Aber wir müssen auch erleben, dass keine Hilfe kommt, dass Menschen nicht gesund, nicht gerettet werden. Obwohl wir Menschen das – nicht erst seit Auschwitz – wissen, beten wir weiter. Weiterhin werden wir in der Not nach Hilfe suchen, nach jemandem, der uns rettet, der unser Bitten erfüllt – so wie wir es uns vorstellen. In den nachfolgenden Gebeten, die von einer tiefen Frömmigkeit zeugen, kommt neben der Bitte auch ein tiefes Vertrauen zum Ausdruck. Das Vertrauen darauf, dass „das Richtige" geschehen möge, und darauf, dass wir auch in der tiefsten Not nicht allein gelassen werden. Nicht die äußere Rettung ist dabei das Entscheidende, sondern die Tatsache, dass Gott mit uns durch die tiefsten Täler, durch die schwierigsten Situationen des Lebens geht. Dieses Bewusstsein kann uns helfen, wieder aufzustehen, wenn wir hinfallen, wieder Hoffnung zu schöpfen, wenn wir verzweifeln möchten, unsere Würde zu behalten, wenn sie scheinbar von anderen nicht mehr wahrgenommen wird. Dass das Gebet keinesfalls eine veraltete Praxis ist, zeigt mir eine kürzlich gemachte Erfahrung. Mit einem jungen Mann, der mich mit der mir bislang fremden Welt eines Fitness-Studios vertraut machte, sprach ich kürzlich über Gott. Er war mir durch seine positive Ausstrahlung und sein Zugewandtsein aufgefallen, und auf meine diesbezügliche Anmerkung bekannte er im Gespräch, dass er Christ sei. Sein Glaube, das Gebet, die Gemeinschaft – all das stärke sein Vertrauen, gebe ihm Energie und bereite ihm viel Freude, wie er mir erzählte.

Neben den bekannten Gebeten wie dem Vaterunser, möchte ich hier einige vorstellen, die mich im Lauf meines Lebens sehr berührt haben.

Das Gebet zur Mutter vom Guten Rat, zu lesen in der Kirche St. Laurentius in Wörth a.d. Isar.

Alles möchte ich dir erzählen,
alle Sorgen, die mich quälen,
alle Zweifel, alle Fragen,
möchte ich, Mutter, zu dir tragen.
Wege, die ich selbst nicht kenne,
liebe Namen, die ich nenne,
Schuld, die ich mir aufgeladen,
anderen zugefügten Schaden.
Ärgernis, so ich gegeben,
all mein Wollen, all mein Streben,
mein Beraten, mein Verwalten,
mein Vergessen, mein Behalten.
Mein Begehren, mein Verzichten,
und mein Schweigen und mein Richten,
all die kleinen Kleinigkeiten,
die mir so oft Müh' bereiten.
Jedes Lassen, jede Tat,
Mutter, dir, vom Guten Rat,
leg ich alles in die Hände,
du führst es zum guten Ende.
Amen

Wenn man in München während des Tages die Bürgersaalkirche besucht, findet man dort immer Menschen, die vor dem Grab von Pater Rupert Mayer ins Gebet versunken sind. Seine Geschichte ist eng mit München und dem Zweiten Weltkrieg verbunden. Der Je-

suit und Pater Rupert Mayer (geboren 1876) war bereits als Feld-
geistlicher im 1. Weltkrieg, wurde schwer verwundet (er verlor ein
Bein) und wurde für seinen lebensrettenden Einsatz für andere mit
dem Eisernen Kreuz ausgezeichnet. Nach dem Krieg war er als
Priester in München tätig und erkannte schon früh die Gefahr, die
vom Nationalsozialismus ausging. Er wurde mehrmals verhaftet,
eingesperrt und am Ende ins KZ Sachsenhausen gebracht, wo er
noch die Befreiung durch die Amerikaner 1945 erleben konnte, allerdings im gleichen Jahr am 1. November verstarb. Er wurde 1987
seliggesprochen.

Die Geschichte erscheint mir wichtig, wenn man die Bedeutung
seines Lieblingsgebets richtig verstehen will.

> Herr, wie Du willst, *soll mir gescheh`n*
> *und wie Du willst, so will ich geh`n;*
> *hilf Deinen Willen nur versteh`n!*
> *Herr, wann Du willst, dann ist es Zeit;*
> *und wann Du willst, bin ich bereit,*
> *heut und in Ewigkeit.*
> *Herr, was Du willst, das nehm` ich hin*
> *und was Du willst, ist mir Gewinn;*
> *Genug, dass ich Dein eigen bin.*
> *Herr, weil Du`s willst, drum ist es gut;*
> *und weil du`s willst, drum hab` ich Mut.*
> *Mein Herz in Deinen Händen ruht!*

Von einer ähnlichen Hingabe an den Willen Gottes spricht das Gebet
des Schweizer Mystikers und Schutzpatron der Schweiz Niklaus von
Flüe (1417-1487). Nach einer weltlichen Karriere zog er sich von allen
Ämtern und von seiner Familie zurück und lebte als Einsiedler in
einer Klause. Er wurde zum gefragten Ratgeber für Menschen aller
Klassen, zum Seelsorger im besten Sinn, der im Gebet eine große
Kraft sah.

Das nachfolgende Gebet soll er täglich gebetet haben. Lassen Sie es ein wenig auf sich wirken, vielleicht mit der Frage, ob Sie etwa in dieser Weise beten könnten.

Mein Herr und mein Gott,
nimm alles von mir,
was mich hindert zu Dir.

Mein Herr und mein Gott,
gib alles mir,
was mich führet zu Dir.

Mein Herr und mein Gott,
nimm mich mir
und gib mich ganz zu eigen Dir.

Das Herzens- oder Jesus-Gebet

Eine besondere Form der Meditation stellt das Herzensgebet dar, das bis in die ersten Jahrhunderte des frühen östlichen Mönchstums zurückreicht. „Herr Jesus Christus, erbarme dich meiner" wird in ununterbrochener Folge rezitiert im Rhythmus des Atems und des Herzschlags. Praktiziert wurde und wird es vor allem in der Ostkirche, zum Beispiel von den Mönchen auf dem Berg Athos.

Bei uns bekannt wurde diese Form der Meditation durch ein Buch mit dem Titel „Aufrichtige Erzählungen eines russischen Pilgers", das Ende des 19. Jahrhunderts erschien und sich schnell verbreitete. Dieses einfache Gebet soll mit allen Tätigkeiten verbunden, also ununterbrochen gesprochen werden. Die Anweisung für die Meditationspraxis selbst ist einfach, sie lautet in etwa: Setze dich still und einsam hin, neige den Kopf, schließe die Augen, atme leicht, blicke mit deiner Einbildung in das Herz, führe den Geist (das heißt das Denken) aus dem Kopf in dein Herz. Beim Atmen sprich leise, die Lippen bewegend oder nur im Geist „Herr Jesus Christus erbarme dich", habe Geduld und wiederhole es recht häufig. Später heißt es, solle man nur noch die zwei Worte Jesus Christus mit dem Ein- und Ausatmen sprechen. Mich erinnert das – ähnlich wie das Beten des Rosenkranzes – an das Sprechen eines Mantras in der indischen religiösen Tradition. Auch hier wird ein Mantra, eine heilige Silbe oder ein heiliges Wort, beständig wiederholt und sozusagen wie ein Samen in die Seele gelegt, der sich entwickelt und uns mit seiner spirituellen Kraft verbindet und erfüllt.

Das Gebet als Geschenk für andere

Bei einem Aufenthalt im Gästehaus des Klosters der Heiligen Birgitta in Rom hatte ich die Gelegenheit, mit einer Nonne ein Gespräch zu führen, in dem ich ihr von diesem Buch erzählte. Die sensible und kluge Frau bat mich, den Leserinnen und Lesern das Gebet ans Herz zu legen. Sie erzählte mir, dass immer, wenn die Schwestern – wie alle normalen Menschen – einmal Probleme haben, sie das im Gebet mit Gott – „besprechen". Zuerst mit Gott. „Wir hören im Gebet erst einmal auf seinen Rat und bedenken ihn in unserem Herzen. Erst dann gehen wir mit unserem Problem zur Mutter Oberin oder zu den Mitschwestern." Weiter sprach sie davon, wie wichtig es aus ihrer Sicht ist, andere zu bitten, für uns zu beten oder für andere zu beten, wenn sie in Not sind, ein Problem zu lösen haben oder unter einer Krankheit leiden. „Man muss damit so normal umgehen, als würde man jemanden um einen Rat fragen." Mit einem Lächeln fügte Sie an: „Schicken Sie einfach eine SMS, ich werde auch für Sie beten." Abschließend bat sie noch um das Gebet für die Welt. „Beten Sie für die Welt, sie braucht es dringend." Dieser Rat klang sehr eindringlich, und dennoch fühlte ich keinen moralischen Druck, sondern spürte die ganze Liebe für die Menschen und die Welt, die sie in diese wenigen Worte legte. Ich glaube, damit hat sie mir und vielleicht auch Ihnen einen guten Rat gegeben. Manchmal kann es viel hilfreicher sein, für einen Menschen zu beten, statt ihm einen guten Rat zu geben oder ihn mit kritischen und bewertenden Gedanken eher zu schwächen.

Berührend empfand ich zum Beispiel, als ein Patient am Ende einer Stunde voller Dankbarkeit sagte, dass er mich ab jetzt in sein Gebet aufnehmen würde, mit dem er jeden Abend seine lieben Menschen dem göttlichen Schutz übergibt.

Mir scheint wichtig, dass wir im Gebet nicht in erster Linie mit Gott sprechen, sondern vor allem das Hören üben, besser noch das Lauschen nach innen, das mit Hingabe und Offenheit geschehen sollte. In besonderer Weise gilt das für die Musik als Vorbereitung auf eine tiefe innere Erfahrung.

Kunst und Botschaft

In einer gotischen Kathedrale zu stehen, während ein Lichtstrahl durch die bunten Glasfenster fällt, kann wie eine Botschaft aus dem Himmel erscheinen. Eine kleine romanische Kirche zu betreten, kann unmittelbar ein Gefühl der Geborgenheit auslösen, eine Barockkirche an einem schönen Sommertag wie ein Stein gewordenes Konzert von Engeln wirken. Religiöse Bauwerke üben eine große Anziehung aus, und zwar auf Menschen religiöser Prägung genauso wie auf solche, die keine Beziehung zu der jeweiligen Religion haben. Hinduistische und buddhistische Tempel sind dabei genauso begehrte Ziele wie der Dom von Florenz oder die Kathedrale von Chartres. Der evangelische Theologe Paul Tillich, der sich intensiv mit dem Thema Kunst und Religion beschäftigte, sah in der Kunst ein Medium der Verkündigung des Glaubens. Für ihn drückt sich das Göttliche in Symbolen aus, die aber niemals „götzendienerisch" werden dürfen. Die Symbole müssen lebendig bleiben, um uns in der Tiefe berühren zu können. Dazu ist es notwendig, Kunst nicht nur mit den äußeren Augen zu betrachten, sondern sie zu „erleben", sich berühren zu lassen, mit dem Bauwerk oder dem Kunstwerk wie mit einem Menschen in Kontakt zu treten.

Aus den vielen Werken aus Jahrhunderten künstlerischen Schaffens möchte ich exemplarisch nur eines auswählen, den „Isenheimer Altar", der zu den bedeutendsten seines Genres gehört. Entstanden ist es im frühen 16. Jahrhundert, geschaffen für die Spitalkirche der Antoniter in Isenheim von einem Künstler, von dem wir kaum mehr wissen, als dass er Matthias Grünewald genannt wurde. Dieses Bildwerk, das aus mehreren Tafeln besteht, diente zum einen zur Veranschaulichung des Leidens und der Auferstehung Christi, zum anderen hatte es einen Heilungsauftrag. Der dargestellte Christus trägt dabei die gleichen Merkmale einer der Pest ähnlichen Krankheit, einer Vergiftung, die durch das Mutterkorn ausgelöst wurde, unter der auch die Patienten in diesem Spital litten. Gemeinsam mit Jesus konnten die Kranken und todgeweihten Menschen den Weg durch das Leid mitgehen, um an Ende bei der überirdisch schönen Darstellung des Auferstandenen anzukommen. Sollten Sie die Möglichkeit haben, diesen Altar im Museum im französischen Colmar zu erleben, werden Sie sicher verstehen, welche tiefgreifende Erfahrung das bedeuten konnte.

Kunstwerke waren nicht selten ein Weg der mystischen Erfahrung, wie zum Beispiel bei Teresa von Ávila. Im Alter von neununddreißig Jahren hatte sie eine entscheidende innere Begegnung mit Christus. Sie beschreibt diesen Moment in ihren Lebensschilderungen. Als sie eine Büste des verwundeten Jesus sah, verspürte sie plötzlich eine äußerst intensive Wachheit, und ihr wurde bewusst, wie Jesus gelitten haben musste. Sie war so tief berührt, dass sie glaubte, ihr Herz würde brechen. Diese Erfahrung hatte für sie entscheidende Bedeutung für ihr zukünftiges Leben und Wirken.

Musik und Mystik
...als Bruder huldvoll umschloss Jesus die Völker der Welt...

„Stille Nacht! Heilige Nacht! Wo sich heut alle Macht väterlicher Liebe ergoss und als Bruder huldvoll umschloss Jesus die Völker der Welt." So lautet die vierte Strophe dieses Liedes, das im Jahr 1818 zum ersten Mal erklang und seitdem die Welt erobert hat. In 300 Sprachen und Dialekten erklingt es an Heiligabend rund um den Globus. Unzählige Geschichten gibt es von Menschen, die durch dieses einfache Lied eine tiefe Erfahrung von Verbundenheit mit diesem Jesus in der Krippe erlebten. Selbst mitten im Krieg wurde diese Botschaft vom Frieden von Soldaten in verschiedenen Sprachen gesungen. Musik scheint eine Verbindung zwischen „Himmel und Erde" herstellen zu können. Sie kann uns erheben über die Materie und mitnehmen in den Bereich des Transpersonalen. Deshalb wird sie wohl auch als Sprache der Engel bezeichnet, weil sie schon hinauf- oder hinüberschwingt in andere Sphären. Engel werden deshalb in der Kunst sehr häufig mit Musik-Instrumenten dargestellt. Die Verbindung von Musik und Religion hat eine lange Geschichte. Religiöse Rituale in aller Welt werden begleitet von Musik, wie die Bilder in den ägyptischen Königsgräbern zeigen oder die biblischen Überlieferungen sagen. Die heilende Kraft der Musik wird bereits im Alten Testament beschrieben. Es ist die Rede davon, dass David mit seinem Harfenspiel beim König Saul die seelische Verstimmung auflösen konnte, die dem „bösen Geist" zugeschrieben wurde. „Sooft nun der böse Geist von Gott über Saul kam, nahm David die Harfe und spielte darauf mit seiner Hand. So wurde es Saul leichter und es ward besser mit ihm, und der böse Geist wich von ihm." (I.Samuel 16). Die christliche Mythologie deckt sich hier mit der antiken griechischen Philosophie: Platon war überzeugt davon, dass Rhythmus und Harmonie das Innere der Seele erreichen, Aristoteles sah Musik als Mittel zur Reinigung der Seele. Helen Bonny, die Begründerin einer Form der rezeptiven Musiktherapie G.I.M. (Guided Imagery and Music), war davon überzeugt, dass nahezu jede Musik eine spirituelle Erfahrung ermöglichen kann, wenn sie in der richtigen Haltung gehört wird und der Mensch dafür offen ist. Unbestritten ist allerdings, dass manche Musik eine größere Kapazität hat, tiefe religiöse oder spirituelle Erfahrungen zu ermöglichen.

Allem voran ist die Musik Johann Sebastian Bachs zu nennen, aber auch Musik von Josef Haydn, Anton Bruckner, Felix Mendelssohn-Bartholdy, Franz Schubert, Franz List, Olivier Messiaen und vielen mehr. Sie alle haben Musik geschrieben, die ihre Wurzeln in einem tiefen religiösen Empfinden hat. Viel diskutiert wird in diesem Zusammenhang auch der sogenannte „Mozart-Effekt". Der Begriff wurde von dem französischen Arzt und Gehörforscher Alfred Tomatis geprägt, und der amerikanische Publizist Don Campbell hat sein ganzes Lebenswerk auf die Erforschung der Musik Mozarts ausgerichtet. Dabei ging es ihm um die Wirkung auf körperlicher, seelischer und spiritueller Ebene.

Der katholische Philosoph und Autor Friedrich von Hildebrand bezeichnet Mozart als „musikalischen Gottesbeweis", weil für ihn Gott in seiner Musik zu uns spricht. Der evangelische Theologe Karl Barth war ein großer Verehrer von Mozarts Musik. Er ging sogar so weit, dass er sagte, er würde sich, sollte er in den Himmel kommen, zuerst nach Mozart und dann erst nach Augustinus und Thomas (v. Aquin) und nach anderen großen Geistern erkundigen. Dass Mozart selbst der Religion und vor allem den religiösen Vertretern seiner Zeit sehr kritisch gegenüberstand, schmälert für viele Mozart-Verehrer die spirituelle Bedeutung seiner Musik keinesfalls. Weniger überschwänglich, aber genauso häufig wird die Musik von Johann Sebastian Bach

als Weg zu einer transzendenten beziehungsweise einer Gotteserfahrung beschrieben, nicht zuletzt da Bach selbst ja seine Musik der
Ehre Gottes geweiht hatte. Die in seinen großen Werken vertonten
biblischen Geschichten, in den Passionen oder im Weihnachtsoratorium, sprechen dabei für sich. Von Johannes Brahms wissen wir,
dass er in einer Art Meditation oder Trance komponierte und dabei
von göttlichen Eingebungen sprach, die ihn durch die Musik erreichten. Das bewusste Denken, so sagte Brahms, kam dabei genauso wie alles Wollen und alle Vorstellungen zur Ruhe.

Auf der Suche nach zeitgenössischer spiritueller Musik stößt man
zunächst auf den estnischen Komponisten Arvo Pärt (geb. 1935),
der vielen als ihr bedeutendster Vertreter gilt. Zurückgreifend auf
die Musik der Gregorianik oder auf Werke Johann Sebastian Bachs
entwickelte er einen ganz eigenen unverkennbaren Stil. Auch den
englischen Komponisten Sir John Tavener (1944-2013) möchte ich
hier erwähnen. Er schrieb ebenfalls Kompositionen, die auf christlich religiöser Musik, vor allem der Griechisch-Orthodoxen Kirche
basiert. In seiner Musik drückt sich ein Glaube aus, der aus einer
tiefen Verbundenheit mit dem christlichen Erbe kommt. Eine besondere Rolle spielt in seiner Musik die weibliche Seite des Göttlichen, viele seiner Stücke sind deshalb Maria gewidmet. Das scheint
für eine heutige spirituelle Erfahrung von großer Bedeutung, da
wir doch über Jahrhunderte mit einem männlichen Gottesbild so-
zialisiert wurden, das sich auch in der traditionellen religiösen Musik widerspiegelt. Im Lauf seines Lebens entwickelte sich Taveners
Werk hin zu einer sehr weiten offenen Spiritualität, nicht zuletzt
durch seine Begegnung mit der Musik der auf dem Islam basieren-
den mystischen Tradition der Sufis.

Eine besondere Form der religiösen Musik bzw. des gesungenen
Gebets stellt der Gregorianische Choral dar. Er wird auch als eine
Form der Bibelmeditation bezeichnet, da der größte Teil der ge-

sungenen Texte der Heiligen Schrift entnommen ist. Die Melodik dieser alten einstimmigen Gesangsform ist griechischen und jüdischen Ursprungs und entwickelte sich im Mittelalter zum System von acht Kirchentonarten. Sie drücken jeweils einen bestimmten Stimmungsgehalt aus.

„Das gesungene Wort Gottes bringt das Herz zum Schwingen. Es heilt das verletzte Herz. Es erhellt die Dunkelheit der Seele. Es vertreibt die Traurigkeit." Mit diesen poetischen Worten beschreibt Anselm Grün die Wirkung des Gregorianischen Chorals. Die Bezeichnung dieses liturgischen Gesangs, der einstimmig und unbegleitet gesungen wird, geht auf Papst Gregor (gest. 604) zurück. Gepflegt wird diese Form des gesungenen Gebets heute noch beziehungsweise wieder in Klöstern. In besonders beeindruckender Form ist es im österreichischen Kloster Heiligenkreuz im Wienerwald zu erleben. Das tägliche Lateinische Chorgebet im Gregorianischen Choral beginnt mit den Vigilien morgens um 5.15 Uhr, um 6.00 Uhr folgt die Laudes, um 6.25 Uhr beziehungsweise sonntags um 9.30 Uhr schließt sich die Konventmesse an. Um 12.00 Uhr folgen Terz und Sext, um 12.55 Uhr Non, um 18.00 Uhr Vesper und um 19.45 Uhr das Komplet. Als BesucherIn kann man an dieser gesungenen Form des Gebets teilnehmen.

Im abendlichen Komplet werden Psalm-Verse gesungen. Sie habe ich als besonders beruhigend erlebt. Die vielen Eindrücke des Tages und auch die oft so aufgewühlten Emotionen können dabei zur Ruhe kommen. Es ist eine tägliche abendliche Einübung in das Loslassen, ein sich Gott überlassen, wie es in einem abendlichen Hymnus heißt:

„Bevor des Tages Licht vergeht,
Schöpfer der Welt, hör unser Flehn;
in deiner altgewohnten Huld
sei erster du, der uns bewacht.

Dich träume unser aller Herz,
dir sei es nahe noch im Schlaf,
damit es deine Herrlichkeit
erneut besingt im Morgenlicht."

Selbst in den CD-Aufnahmen aus dem Kloster Heiligenkreuz, die nicht als Konzert, sondern als gesungene Gebete verstanden werden wollen, spürt man die Faszination dieser uralten Gesangsform. Diese Musik eignet sich deshalb in besonderer Weise für Meditation und zum Eintauchen in die Stille. Ich würde Ihnen empfehlen, diese Musik zu hören und sich dabei vorzustellen, dass Sie sich ihr mit allen Sinnen öffnen und hingeben.

Musik-Meditation

„Ich glaube an das Unbewusste im Menschen, an diesen tiefen Quell, der der Ursprung seiner Macht ist, sich mitzuteilen und zu lieben." (Bernstein, S. 45)

Mit diesem Zitat Leonard Bernsteins möchte ich Sie in die Übung mit Musik hineinführen.

Beim Spielen und auch beim Hören von Musik stellt sich ein meditativer Zustand manchmal wie von selbst ein: Beim Spielen, wenn wir die Technik einigermaßen beherrschen und uns dem Spiel hingeben können; beim Hören, wenn wir aufhören zu analysieren und zu bewerten. Wenn die inneren Selbstgespräche zur Ruhe kommen, können wir ganz wach und bewusst der Musik sozusagen „mit der Seele" lauschen. Solche meditativen Momente ereignen sich manchmal während eines Konzerts oder während wir in einem Gottesdienst Musik hören. Musik eignet sich aber auch besonders als „Objekt der Meditation".

Der Dirigent Bruno Walter, der mit der Musik aufs Innigste verbunden war, drückte das so aus: „Immer erklang mir aus der Musik etwas geheimnisvoll Jenseitiges, das mir tief das Herz bewegte…"

Finden Sie heraus, was Ihr Herz bewegt und welche Musik Sie mit einer tiefen inneren Ebene verbindet. Eine bekannte Psychotherapeutin, die, wie sie sagte, nicht im Christlichen verwurzelt sei, erzählte mir von einer Art Offenbarung, die sie erfahren hatte während einer Aufführung der Matthäus-Passion von Bach. Als der Chor sang: „Wahrlich dieser ist Gottes Sohn gewesen", war sie zutiefst berührt und erkannte dies blitzartig als Wahrheit in ihrem Innersten.

Wählen Sie für Ihre Musikmeditation ein Stück aus, das Sie für geeignet halten. Bewusst habe ich zum Einstieg nur wenige Musikstücke vorgeschlagen, denn selbst eine lange Liste von Stücken würde der großen Vielfalt an Musik nicht gerecht werden. Lassen Sie sich also inspirieren von Ihren eigenen Schätzen zu Hause. Sie könnten auch das Angebot von Streaming-Diensten nutzen oder auf YouTube in Musikstücke hineinhören.

Anfangs kann es ein kurzes Musikstück von wenigen Minuten sein, später können Sie die Zeit ausdehnen und vielleicht das „Weihnachtsoratorium" von Johann Sebastian Bach, die „Messe in C-Dur" von Ludwig van Beethoven, den „Messias" von Georg Friedrich Händel oder die „Cäcilienmesse" von Charles Gounod auf meditative Weise hören. Geheimtipp zur Weihnachtszeit: Josef Gabriel Rheinberger: „Der Stern von Bethlehem"

Einzelne Musikstücke, die sich eignen:

- Gregorianischer Choral aus dem Kloster Heiligenkreuz, aus „Chant – Music for Paradise" oder „Chant – Music for Peace"

- Hildegard von Bingen: Hymnus O quam mirabilis est
- Musik von Hildegard von Bingen, aus „Voices of Angels" oder aus „Göttliches Licht: Antiphone und Psalmen"
- Josef Haydn: „Cellokonzert in C", Adagio
- Camille Saint-Saens: „Karneval der Tiere", der Schwan
- Arvo Pärt: Stücke aus „Spiegel im Spiegel" oder aus „Da pacem"
- Gabriel Fauré: „Requiem", In Paradisum
- Wolfgang Amadeus Mozart: Ave Verum corpus
- Anton Bruckner: „8. Symphonie", Adagio
- Aus dem Film „Mission": Gabriel's Oboe
- Keith Jarrett: Einzelne Passagen aus „Cöln Concert"
- Sir John Tavener: Song of the angel; Song for Athene; Mother of God here I stand

Übung:

Bereiten Sie die Musik so vor, dass Sie nur noch einschalten müssen, bevor Sie in die Übung hineingehen.

Strecken und dehnen Sie sich als Vorbereitung auf die Meditation oder machen Sie ein paar Körperübungen, um mögliche Spannungen loszulassen.

Setzen Sie sich bequem und aufrecht hin, lassen Sie die Schultern locker und entspannen Sie den Nacken, indem Sie den Kopf einige Male zu beiden Seiten drehen.

Legen Sie die Handflächen aneinander und berühren Sie mit den Fingerspitzen die Stirn und die Herzmitte, legen Sie dann vor der Mitte des Körpers die rechte Hand in die linke Handfläche, oder legen Sie die Hände mit den Handflächen nach oben auf Knie oder Oberschenkel.

Schließen Sie die Augen und entspannen Sie Ihr Gesicht, lassen Sie ein inneres Lächeln entstehen.

Atmen Sie leicht und mühelos durch die Nase ein und aus.

Lenken Sie die Aufmerksamkeit auf den Rhythmus des Atems, seien sie Beobachterin, Beobachter Ihres Atems. Lauschen Sie auf das leise Geräusch des Atmens und konzentrieren Sie sich dazu auf Ihre Ohren und auf den Bereich des Kehlkopfes.

Nehmen Sie sich jetzt in Ihrem Körper wahr. Wie sitzen Sie, gibt es Bereiche, die angespannt sind und die Sie noch mehr loslassen möchten? Sind Sie müde und können Sie kaum zur Ruhe kommen? Welche Gedanken und Gefühle tauchen auf? Alles darf erst einmal sein. Sie nehmen lediglich wahr.

Starten Sie das Musikstück und nehmen Sie es mit den Ohren und mit dem Herzen wahr. Stellen Sie sich vor, wie die Musik nach und nach Ihren ganzen Körper erfüllt. Schenken Sie den aufeinanderfolgenden Klängen all Ihre Aufmerksamkeit.

Vielleicht müssen Sie das Musikstück mehrmals hören, bis es Ihnen gelingt, in einen meditativen Zustand zu gelangen. Denken Sie daran, sich nicht von der Musik „wegtragen" zu lassen, sondern in einer Art „schwebender Achtsamkeit" zu bleiben.

Bleiben Sie in dieser meditativen Haltung, auch wenn das Musikstück verklungen ist. Das Wesentliche entsteht in der Stille danach. Lassen Sie die Musik im Inneren nachklingen und in Ihnen wirken.

Wiederholen Sie diese meditative Übung mit dem gleichen Musikstück mehrere Male. Achten Sie darauf, was sich beim wiederholten Hören verändert.

Übung Musikreise

Bereiten Sie das Musikstück vor, das Sie hören möchten. Wenn Sie ein kurzes Musikstück gewählt haben, sollten Sie es mehrmals wiederholen.

Legen Sie sich bequem hin und schließen Sie die Augen.

Wenden Sie die geschlossenen Augen wie ins Innere des Körpers. Entspannen Sie die Füße und Beine, den ganzen Rücken, die Arme und Hände, Nacken und Kopf.

Entspannen Sie die Augenlider, die Stirn, Lippen und Kiefergelenke.

Lassen Sie sich bewusst in die Unterlage einsinken, wie in warmen weichen Sand.

Lauschen Sie auf Ihren Atem, auf das Ein- und Ausatmen.

Richten Sie Ihre Wahrnehmung nach innen auf die Mitte Ihrer Stirn oder auf Ihr Herz, von dem aus Sie in Verbindung mit ihrer göttlichen Führung treten möchten.

Laden Sie jetzt die Musik ein, Sie an die Hand zu nehmen, Sie zu begleiten auf diesem Weg.

Nehmen Sie wahr, welche inneren Bilder und Gefühle auftauchen. Bleiben Sie in Kontakt mit der Musik, sie ist Ihre „Reiseführerin" in die Seele.

Bleiben Sie in der Stille, wenn die Musik verklungen ist.

Spüren Sie nach, was die Musik bei Ihnen ausgelöst hat, bevor Sie sich wieder der Außenwelt zuwenden.

Rituale als Anker in stürmischen Zeiten

Zu meinen Erinnerungen an die Kindheit gehört das Abendgebet, mit dem wir Kinder unserem Schutzengel anbefohlen wurden, damit er uns während der Nacht behüten möge. Dieses Abendritual hat seine Wurzeln sicher in unruhigeren Zeiten als in denen meiner Kindheit. Die Nächte schienen mir deshalb im Lauf des Älterwerdens weitgehend sicher, und so vernachlässigte ich das Abendgebet und den Schutz des Engels. Auch das Morgengebet und den morgendlichen Segen für den Schulweg, der mit Weihwasser bekräftigt wurde, hielt ich nicht mehr für wichtig und lehnte mich sogar dagegen auf. Erst viel später, als ich selbst schwierige Lebenssituationen meistern musste und in meinem Beruf mit schweren Krisen meiner Klienten konfrontiert war, wurde mir die Wichtigkeit solcher Rituale bewusst. Rituale sind nach vorgegebenen Regeln ablaufende, meist formelle Handlungen mit symbolhaftem Gehalt. Sie geben dem Menschen Struktur und Halt. Denken Sie nur an Ihre täglichen Rituale, wie das morgendliche Zähneputzen oder den Kaffee, an Pausen zu bestimmten Tageszeiten und vieles mehr. Rituale sind vor allem in schwierigen Zeiten wie Anker, die uns hindern, in Stimmungen zu versinken oder uns in kreisenden Gedanken zu verlieren. Oft berichten Menschen, dass sie in Zeiten schwerer Krankheit immer noch kleinste Rituale pflegen, und sei es ein Telefongespräch zu einer ganz bestimmten Zeit mit einem geliebten Menschen. Rituale kennen wir aus allen Lebensbereichen. Denken wir nur an die großen Sportereignisse, die von rituellen Handlungen wie dem gemeinsamen Singen der Nationalhymne begleitet werden. Kollektive Rituale fördern den Zusammenhalt der Menschen und sind deshalb auch aus Religionen nicht wegzudenken. Dazu gehören etwa das gemeinsame Gebet, der rituelle Ablauf spiritueller Handlungen oder Rituale in Zusammenhang mit den religiösen Feiertagen. Kollektive Rituale, so sagen uns die Ritualforscher, geben uns zwar Sicherheit und fördern den Zusammenhalt, aber sie machen uns auch manipulierbar, wie wir nicht nur aus unserer deutschen Geschichte wissen.

Wenden wir uns den positiven Aspekten, den heilsamen Ritualen zu, wie dem abendlichen Dank für den Tag und dem morgendlichen für eine gut überstandene Nacht. Auch das Segnen des Essens, das Tischgebet oder der gemeinsame Dank an Mutter Natur, bevor wir die Nahrung zu uns nehmen, gehören zu den heilsamen Ritualen, die unser Bewusstsein für den Wert des Lebens stärken. Ein Ritual sollte allerdings achtsam und bewusst ausgeführt werden, damit es in vollem Maße wirksam werden kann. Was die positive Auswirkung der Meditation oder des Gebets betrifft, bekommen wir heute viel Unterstützung durch Aussagen aus der Gehirnforschung. Nehmen wir uns am Morgen ein wenig Zeit zum Innehalten, tun wir uns auf allen Ebenen Gutes: Der Geist wird ruhiger, der Körper kann wahrgenommen werden. Nur so können wir spüren, was wir wirklich brauchen, Bewegung und Aktivität oder einen Moment der Ruhe und des Loslassens.

Ein morgendliches Meditationsritual kann Ihnen helfen, die Gedanken für den Tag auf das Wesentliche auszurichten, sich auf das eigene Zentrum zu konzentrieren und damit aus der Mitte heraus zu handeln. Die Meditation kann verbunden werden mit der Bitte um Schutz und innere Führung für diesen Tag. Rituale der Besinnung können wie ein Anker wirken, der uns auch dann hält, wenn die Stress-Wellen hoch schlagen. Je häufiger diese Momente der inneren Verbindung mit unserer wirklichen Lebensquelle werden, umso mehr stellt sich auch unser Gehirn darauf ein und unterstützt uns dabei, diesen Weg zu gehen. Wir wissen inzwischen aus der Neurowissenschaft, dass wir langfristig unser Gehirn verändern können durch den Aufbau neuer Synapsen-Verbindungen und damit neuer Gehirnstrukturen. Alle religiösen Rituale, wie das Wiederholen von Gebeten (z.B. des aus vielen Wiederholungen bestehende Rosenkranzgebets), gesungene Mantras, die regelmäßige Meditation oder das Rezitieren von heiligen Texten haben nicht nur diese Veränderung unseres Gehirns, sondern unseres Wesens hin zur Transzendenz zum Ziel.

Rituale tragen Werte

Zu den speziell christlichen Ritualen gehört in der Katholischen Kirche die Messfeier. Sie ist aufgeteilt in einen Eröffnungsteil, einen Wortteil, einen Eucharistie-Teil und eine abschließende Sendung, das heißt, die Mitfeiernden werden mit einem Segen entlassen. Auch in der Evangelischen Kirche gehört der Gottesdienst zum Kernstück des religiösen Lebens, allerdings gibt es eine größere Freiheit in der Gestaltung. In der Regel beginnt der Gottesdienst mit Eröffnung und Anrufung, dann folgen Verkündigung und Bekenntnis, Abendmahl und Aussendung mit Segen.

Zu den christlichen Ritualen gehören wie in anderen Religionen „Übergangsrituale" an wichtigen Punkten des Lebens: Bei der Geburt die Taufe, die Kommunion, Konfirmation oder Firmung beim Übergang vom Kind zum Jugendlichen, Trauung, Priesterweihe oder Aufnahme in ein Kloster. Am Ende des Lebens steht das Ritual, mit dem der Mensch bei seinem letzten Weg begleitet wird.

Grundlage der großen christlichen Feste Weihnachten, Ostern und Pfingsten sind die biblischen Überlieferungen. Wenn es uns gelingt, die darin enthaltenen Symbole, die Geburt des göttlichen Kindes, Tod und Auferstehung Christi oder das Erfülltwerden vom Heiligen Geist in uns selbst lebendig werden zu lassen, können uns die Feste jedes Jahr neu mit ihrer Energie aufladen, uns stärken und beleben. Diese Erfahrung konnte ich über viele Jahre in meinem jährlichen Seminar zur Vorbereitung auf Weihnachten mit vielen Teilnehmerinnen und Teilnehmern machen. Das gilt genauso für Menschen, die durch ihre religiöse Prägung mit den Geschichten vertraut sind, wie für Menschen jenseits der Zugehörigkeit zu einer Religion. Die Geschichten der Bibel sind in diesem Sinne nicht als Beschreibungen einer historischen Begebenheit zu verstehen, sondern als echte „Heilsbotschaften". Sie sollen Inspiration sein, die Botschaften selbst zu erfahren. Es lohnt sich auch, sich deshalb mit den christlichen Festen und ihrer Bedeutung auseinanderzusetzen und diese Zeiten bewusst zu begehen.

Das Weihnachtsfest und die Meditation auf das göttliche Kind zeigt uns die Kraft der Liebe, indem ein großer Gott, ein Schöpfer der Welt, als kleines, schwaches Kind zur Welt kommt in einem Stall außerhalb der etablierten menschlichen Gemeinschaft. Die ersten Menschen, die dieses göttliche Kind sehen, sind Hirten und Tiere.

Das Osterfest und die Meditation auf das Leiden, den Tod und den auferweckten Christus macht uns bewusst, dass der Tod nicht das letzte Wort hat. Es hilft uns, das Ja zum Leben über Leid und Krankheit zu sehen, das Licht hinter aller Dunkelheit. Dieses Fest ist ein Symbol für Transformation und Neuanfang, das in allen „Sterbeprozessen" das Vertrauen in die befreiende Kraft der Auferstehung stärkt.

Das Pfingstfest und die Pfingstmeditation kann genutzt werden als innere Begegnung mit dem Heiligen Geist, der belebt, erneuert, öffnet, alte Denkmuster überwinden lässt und den eigenen Weg deutlicher macht.

Eine Anleitung für eine meditative Erfahrung der christlichen Feste finden Sie auf meiner CD (s. Literaturteil). Entdecken Sie für sich heilsame Rituale, die Sie stärken und die Ihnen Freude bereiten. Je öfter Sie ein Ritual achtsam ausführen, umso schneller werden Sie spüren, dass es Sicherheit gibt und dabei die Lebensenergie stärkt.

Mystik und Heilung

Heilung gehört zur christlichen Botschaft, wie die Heilungsgeschichten im Neuen Testament bezeugen. Wobei der Begriff Heilung in mehrfachem Sinn verwendet wurde, sich also nicht nur auf die körperliche Ebene bezog. Jesus, der Heiler, stand dabei in einer langen Tradition von Heilern, die vor ihm wirkten. In der Antike kannte man umherziehende charismatische Menschen, die als Heiler auftraten, einer der bekanntesten nach Jesus war Apollonius von Tyana. Die Beschreibung seines Wirkens weist gewisse Ähnlichkeiten zu dem von Jesus von Nazareth auf. Auch aus dem Judentum sind einzelne Wunderheiler bekannt. Während viele dieser Heiler ihren Gott um ein Heilungswunder baten, heilte Jesus aus göttlicher Vollmacht heraus. Wenn er dem Geheilten sagte, Dein Glaube hat Dir geholfen, so wird seinen Heilungen zum einen eine religiöse Bedeutung beigemessen, zum anderen wird der kranke Mensch mit in die Verantwortung genommen, wenn es um das Thema Heilung geht. Durch seinen Glauben und sein Vertrauen auf Gott wird die innere Verbindung wiederhergestellt. Man könnte sagen, durch diese Verbundenheit wächst eine Kraft, die eine ganzheitliche Heilung ermöglicht. In der Aussendungsrede erteilt Jesus seinen Jüngern den Auftrag, es ihm gleich zu tun, das heißt, auch Kranke zu heilen. Von vielen Mystikerinnen und Mystikern wird im Zusammenhang mit ihrem Leben von Wunderheilungen berichtet. Bei manchen, wie bei Pater Pio, wurden solche Heilungen, wie bereits in Kapitel 12 beschrieben, bereits während ihres Lebens beobachtet, bei anderen nach ihrem Tod, was in der Katholischen Kirche ein Kriterium für die Heiligsprechung darstellt. Große Heilungsorte wie Lourdes oder Fatima ziehen deshalb Jahr für Jahr viele Menschen an. Man kann dem Glauben demnach eine Menge zutrauen. Und nicht zu Unrecht, denn immer und überall gab und gibt es das, was man als Wunder bezeichnet. Die Heilungen von Lourdes zum Beispiel werden von strengen Prüfungskommissionen, bestehend aus Ärzten, Anwälten und neutralen Gutachtern, überwacht. Die dort dokumentierten Heilungen hatten alle strenge Prüfungen zu bestehen und werden, weil sie anders nicht zu erklären sind, als Wunder bezeichnet.

In England habe ich Geistheilung (Spiritual Healing) im Rahmen der Anglikanischen Kirche kennengelernt. An mehreren Orten habe ich erlebt, dass nach dem Gottdienst am Sonntagmorgen ein Heilungsdienst (Healing Service) angeboten wurde. In Kliniken fand ich Hinweise auf Räume, in denen „Spiritual Healing" stattfindet. In diesem Kontext konnte ich wunderbaren Menschen begegnen, wie dem Psychotherapeuten und Heiler Gilbert Anderson, der bis 1976 Administrator und Präsident der *National Federation of Spiritual Healers* war. In dem 1-wöchigen Seminar zum Thema geistiges Heilen konnte ich den damals bereits 95-jährigen Heiler in unglaublicher Frische und Lebendigkeit erleben. Immer wieder wies er darauf hin, dass diese Art der Heilung geleitet ist von einer Kraft, die weit jenseits unseres materiellen Verständnisses liegt. Er verstand sich als ein Instrument der Heilung, das für sich selbst keinerlei Auserwähltsein und keine besondere Kraft und Fähigkeit beansprucht. „Wir sind ganz gewöhnliche Menschen, die sich lediglich ganz öffnen können für die Verbindung mit dieser spirituellen Kraft", lautete seine Botschaft. Eine weitere Heiler-Persönlichkeit, die ich über einen Zeitraum von mehreren Wochen auf den Philippinen kennenlernen konnte, ist Lawrence Cacteng. Auch er ist tief verwurzelt im christlichen Glauben und bezieht seine Fähigkeiten aus einer mystischen Verbindung mit Christus. Ich konnte erleben, wie er sich durch eine tiefe innere Hingabe und ein inniges Gebet vorbereitete auf seine Arbeit mit Patienten. Die außergewöhnlichen Erfahrungen, die ich dabei machen konnte, überstiegen meine damaligen Vorstellungen vom menschlichen Geist und seinen Möglichkeiten deutlich. Viele weitere beeindruckende Begegnungen wie die mit der Schweizerin Emilie Baumgartner könnte ich noch nennen. Sie alle verbindet eine große Bescheidenheit, was ihre Person betrifft, und eine außergewöhnlich große Glaubenskraft. So durfte ich Zeugin von Heilungen werden, die sich die Medizin nicht wirklich erklären kann. Dabei sehen sich die Heiler nicht im Gegensatz oder gar in Konkurrenz zur sogenannten Schulmedizin. Daher betont der nigerianisch-amerikanische Heiler Onye Onyemaechi, dass die göttliche Heilkraft sich auch über eine medizinische Behandlung übertragen kann, sogar in Form einer Operation, die von dieser Heilkraft geleitet wird.

Bei einem Heilungsgottesdienst konnte ich für mich persönlich erleben, welche Kraft das Gebet in der Gemeinschaft hat. In der *Chapel of Reconciliation* der im 2. Weltkrieg zerstörten englischen St. Michaels Cathedral von Conventry fand sich eine Gruppe von Menschen aus vielen Teilen der Welt zusammen. Manche – so wie ich – begleiteten schwer kranke Menschen, andere suchten Heilung für sich selbst. Der damalige Leiter und Dekan John Petty, der die Heilungszeremonie leitete, setzte sich zu dieser Zeit bereits seit vielen Jahren für das Thema Heilung innerhalb der Kirche ein. Nach Gebet und Ritual folgte ein langes Schweigen. Jede und jeder von uns meditierte auf seine Weise in der Stille, bevor John Petty die kranken Menschen einzeln nach vorne bat. Gleichzeitig lud er jeweils eine Gruppe von uns ein, nach vorne zu kommen. Gemeinsam legten wir dem kranken Menschen die Hände auf und beteten für ihn. Auch nach so vielen Jahren erinnere ich mich noch schmerzlich an meine Gefühle, die ich in diesem Moment hatte und die mich ahnen ließen, wie es um die junge Frau stand, die ich begleitet hatte. Sie konnte keine körperliche Heilung mehr **erfahren. Dennoch** hatte sie etwas erlebt, was sie tief bewegte und was sie in den folgenden Wochen begleitete. Ich kann allerdings nicht verhehlen, dass ich damals noch nicht bereit war zu akzeptieren, dass Heilung auch bedeuten kann, dass man nicht mehr körperlich gesund wird. Heute weiß ich, dass zwar die körperliche Heilung immer noch das ist, was wir als kranke Menschen sehnlich erhoffen, aber dass es ein Heilwerden jenseits davon gibt. Als ich dieses Erlebnis in Rom der Nonne aus dem Birgitten-Kloster erzählte,

nahm sie das zum Anlass, mir von ihrer eigenen Erfahrung zu berichten. Vor nicht allzu langer Zeit hatte sie sich einer schweren Operation zu unterziehen, was eine lange Abwesenheit von ihrem Kloster
und einen schweren Einschnitt bedeutete. Zunächst wünschte sie sich
natürlich nichts mehr, als schnell wieder gesund zu werden. Erst am
Ende dieser langen und schweren Zeit war sie völlig überzeugt, dass
alles für sie ein Segen gewesen war. Sie hatte die Ruhepause wirklich
benötigt, wie sie sagte, um wieder ganz bei sich und ihrer Verbindung
zu Gott anzukommen.

Die Berichte von Wunderheilungen im Neuen Testament beziehen
sich sehr oft auf schwerkranke oder schon totgesagte Menschen. Nicht
selten ist im Leben das Gebet erst der letzte Ausweg, der in höchster Not und Verzweiflung im Wunsch nach Heilung gewählt wird.
Wir sollten allerdings versuchen, schon einmal bei kleineren körperlichen oder seelischen Problemen das Gebet, den Dialog mit Gott,
zu suchen. Durch das Hinhören auf die Stimme, die aus der Stille
zu uns spricht, wenn alle unsere eigenen Worte, unsere Gefühle und
Gedanken zur Ruhe gekommen sind, können wir Kraft schöpfen,
kann ein innerseelischer Prozess in Gang kommen, der die Heilkräf-
te aktiviert. Christus, über dessen wunderbare heilende Fähigkeiten
in den Geschichten der Bibel gesprochen wird, kann uns zum Ge-
sprächspartner werden, an den wir uns – nicht nur, aber auch – in
Zeiten der Not wenden können. Ob es nun der Glaube ist, der unsere
Selbstheilungskräfte aktiviert, oder das direkte Eingreifen einer höheren Macht, werden wir nie ergründen können. Vielleicht ist das auch
gar nicht notwendig, sondern vielleicht geht es in erster Linie um die
Dankbarkeit gegenüber diesem Geschenk.

Geistiges Heilen oder Heilen durch Gebet ist kulturübergreifend
und weltweit in vielen Facetten anzutreffen. Voraussetzung für ein
solches Wunder scheint zu sein, dass wir unseren kleinen Ich-Willen
ganz einem größeren göttlichen Willen unterstellen, dass wir bedin-
gungslos glauben und vertrauen, dass es Hilfe für uns gibt.

Übung

Setzen Sie sich aufrecht und entspannt hin und schließen Sie die Augen. Lauschen Sie eine Weile auf Ihren Atem. Ist der Atem lang oder kurz, tief oder flach? Wo nehmen Sie den Atem wahr – mehr im Bauch- oder im Brustbereich?

Nehmen Sie auftauchende Gedanken und Gefühle wahr. Alles, was kommt, darf auch wieder gehen, so wie Wolken am Himmel weiterziehen. Wenn ein Gedanke oder ein Gefühl sich nicht lösen mag, bleiben Sie eine Weile dabei, vielleicht können Sie ihn oder es liebevoll dazu bewegen weiterzuziehen.

Stellen Sie sich vor Ihren inneren Augen Jesus den Heiler vor. Stellen Sie sich vor, wie er von Heilenergie in Form eines strahlenden Lichts durchströmt wird. Bitten Sie um die Verbindung mit der Christuskraft in Ihnen, oder bitten Sie Jesus, die heilende Energie auch in Ihr Herz zu senden, damit sie sich von hier aus im ganzen Körper ausbreiten kann.

Gehen Sie mit Ihrer Aufmerksamkeit zu der Stelle Ihres Körpers, an der Sie die Heilungsenergie besonders benötigen. Formulieren Sie Ihr Anliegen, Ihren Wunsch nach Heilung. Wiederholen Sie mehrmals: „In mir wirkt die göttliche Heilkraft, sie heilt auf körperlicher, seelischer und geistiger Ebene, alles, was der Heilung bedarf."

Bleiben Sie 15 bis 30 Minuten in Verbindung mit dieser Heilkraft in Ihnen, bedanken Sie sich, bevor Sie wieder die Augen öffnen und sich der Außenwelt zuwenden.

Abschließend möchte Sie noch einmal an das erinnern, was die großen Mystikerinnen und Mystiker uns hinterlassen haben: Die Erfahrung, dass wir eine innige Freundschaft mit Gott erleben können, die uns Trost und Kraft vermittelt, die Freude an der Schöpfung und Liebe zu allen Wesen erfahrbar macht. Die Schritte auf dem Weg nach Innen, hin zu mystischen .....Erfahrungen im Alltag kurz zusammenfassen:

- Erwachen – die Bereitschaft einen Weg nach innen zu gehen und achtsam zu sein.
  - Still werden, Augen und Ohren nach innen wenden, nach innen lauschen.
  - Gedanken und Gefühle zur Ruhe kommen lassen.
  - Innerlich zurücktreten von eigenen Wünschen und Vorstellungen, von eigenen Dramen und von der Wichtigkeit äußerer Dinge.
  - Gebet, Meditation, Kontemplation, an Ritualen teilhaben
  - Sich öffnen für das, was geschieht, für das, was sich nicht wirklich beschreiben lässt – für eine Begegnung mit dem inneren Licht der Welt.
  - Bereit sein, danach zu handeln.

(ar)

Nachgedanken

Nach der vollständigen Lektüre dieses Buches werden Sie festgestellt haben, dass wir vieles nur andeuten konnten. Es lohnt sich daher, neben dem Weisheitsschatz, den uns die Mystiker und Mystikerinnen hinterlassen haben, auch ihre Biographien zu lesen. Sie zeigen uns, dass es Menschen wie wir waren, mit Licht und Schatten. Der Unterschied ist, dass sie, im Gegensatz zu vielen anderen geistig Suchenden, ihrem „Heimweh", ihrer Sehnsucht nach einer inneren Heimat, gefolgt sind, oft gegen viele Widerstände, manchmal unter Einsatz ihres Lebens.

Wir alle tragen diese Sehnsucht in uns. Sie ist die Verkörperung des Wunsches nach einem tiefen inneren Verbundensein mit einer Kraft, die größer ist als unser kleines Ich. Auch die Mystiker waren keine Menschen ohne Schatten, oft im Gegenteil. Doch ihre Begegnung mit Christus hat ihr Leben verändert, und sie haben neue Wege eingeschlagen. Wege, die sie nicht zu einer egoistischen Suche nach der Erfüllung persönlicher Wünsche oder nach „spiritueller Bedeutung" geführt haben. Sie wollten, aus ihrer Liebe zu Gott heraus, ihren Mitmenschen und der ganzen Schöpfung dienen.

Manchmal wird im Zusammenhang mit den Mystikern der Begriff „Tiefwurzler" gebraucht. Dieses Bild aus der Natur ist aussagekräftig. Es deutet an, dass wir – wenn wir wachsen wollen – auch eine gute Bodenhaftung benötigen. Wir müssen tief wurzeln, um nicht von jedem Sturm des Lebens davongeweht zu werden. Vielleicht waren so unterschiedliche Persönlichkeiten wie C. G. Jung und der Dalai Lama deshalb so überzeugt, dass es wichtig sei, zunächst in der eigenen religiösen Kultur verwurzelt zu sein. Es war nicht zuletzt dieses Anliegen, das uns zu diesem Buch bewogen hat.

Wir möchten eine neue Suche nach den christlichen Wurzeln initiieren, die nach unserer Erfahrung so stark und tragfähig sind, dass wir in großer Offenheit auch andere Inspirationen aus dem Weisheitsschatz der Welt integrieren können, ohne den Boden zu verlieren. Und in letzter Konsequenz möchten wir die "Freiheit des Christenmenschen" ganz wörtlich und ganz ernst nehmen.

Licht auf den Pfad!

Literaturhinweise

TEIL I

Kapitel 1
Pole, Wellesley Tudor, Erinnerungen an Jesus von Nazareth, Grafing 2002

Kapitel 2
Clemens von Alexandrien, Teppiche (Stromateis), München 1936
Origenes, Peri Archon (De Principiis), Darmstadt 1976

Kapitel 3
Rutishauser, Christian (Hrsg.), Wüste als Ort der Wandlung – Fragen zu
Spiritualität und Mystik, Band 7, mit Artikeln von Simon- Peng-Keller
S. 49-59 und Gisbert Greshake, S. 29-46, Lassalle –Haus, Bad Schön-
brunn
Hell, Daniel Die Sprache der Seele verstehen. Die Wüstenväter als Therapeu-
ten, Herder, Freiburg i.Br., 7. Auflage 2010
https://abtei-kornelimuenster.de/images/Spirituelles/weitere-
impulse/2013-05-01_tibi_apatheia.pdf
Tibi, Daniel OSD, Weisheit aus der Wüste. Der Begriff der „Apatheia" bei
Evagrius Pontikus

Kapitel 4
Ps. Dionysius Areopagita, Die himmlischen Hierarchien, Amerang 2018
ders., Mystische Theologie, Amerang 2017

Kapitel 5
Beierwaltes, Werner, Eriugena, Über die Einteilung der Natur, Hamburg
1983
Beierwaltes, Werner, Eriugena, Frankfurt 1994

Kapitel 6
IVOI / Michel, Das Seelenlicht, Grafing 2002 (dort die Übers. des Textes von
Franziskus)

Kapitel 7

Feldmann, Christian, Hildegard von Bingen, Nonne und Genie, Herder, Verlag Freiburg, Basel, Wien 2008, S. 75

Bingen, Hildegard von, Worte lebendigen Lichts, Herder Verlag, Freiburg 2012, S. 107

Bingen, Hildegard von Bingen, Der Leib ist das Gewand der Seele, 261

Bingen, Hildegard von Bingen, Welt und Mensch (De Operatione Dei), S. 175

http://www.gottliebtuns.com/doc/Hildegard%20Von%20Bingen%20-%20Welt%20und%20Mensch.pdf

Schiwy, Günther, Birgitta von Schweden. Mystikerin und Visionärin des späten Mittelalters, C.H. Beck, München 2003

Herbstrith, Waltraud, Teres von Avila. Lebensweg und Botschaft, Verlag Neue Stadt München, 2012

Lorenz, Erika, Weg in die Weite, Herder, Freiburg 2014

Über Freiheit und Meditation. Das Yoga Sutra des Patanjali. Eine Einführung. Übertragung und Kommentar von T. K. V. Desikachar, Via Nova Verlag, Petersberg 1997, 1. Auflage

Kapitel 8

Bruno, Giordano, Werke, Hamburg 2007 ff.

Kapitel 9

Böhme, Jakob, Werke im Aurum Verlag, Freiburg

Swedenborg, Emanuel, Werke im Swedenborg Verlag, Zürich

Lorber, Jakob, Werke im Lorber Verlag, Bietigheim

Forsboom, Bernhard, Emanuel, Grafing 2019

Michel, Peter, Das Geistchristentum, Forstinning 1981

Kapitel 10

Steiner, Rudolf, Schriften – Kritische Ausgabe, Stuttgart 2013 ff.

ders., Zitierte Werke alle im Steiner Verlag, Dornach

Michel, Peter, Die Botschafter des Lichtes, Grafing 2018

Kapitel 11

Chardin, Pierre Teilhard de, Der Mensch im Kosmos, München 1969

ders., Das Herz der Materie, Olten 1990

Lubac, Henri de, Der Glaube des Teilhard de Chardin, Wien 1968
Schiwy, Günther, Das Teilhard de Chardin Lesebuch, Olten 1987
Krogmann, Angelica, Simone Weil, Hamburg 1977
Pétrement, Simone, Simone Weil, Leipzig 2007
Schlette, Heinz Robert / Devaux, André, Simone Weil, Frankfurt 1985
Wimmer, Reiner, Simone Weil, Freiburg 2009

Kapitel 12
Clausner, Johannes, Pater Pio, Amerang 2010

Kapitel 13
Pole, Wellesley Tudor, Erinnerungen an Jesus von Nazareth, Grafing 2002
    ders., Briefe eines Eingeweihten, Grafing 2001
    ders., Jesus von Nazareth und das esoterische Christentum, Grafing 2004

Kapitel 14
Isaac, Stephen, Die Suche nach Wahrheit, Grafing 1985
Newhouse, Flower A., Das Weihnachtsmysterium in geistiger Schau, Forst-
    inning 1981
    dies., Das Christuslicht, Grafing 1987

TEIL II

Kapitel 1
Krishnamurti, Das Notizbuch, Grafing 2019

Kapitel 2
Dürr, Hans-Peter, Es gibt keine Materie, Crotona Verlag, 2012
Boff, Leonard, Meditation des Lichts – Göttliche Energie mitten im Alltag,
    Kösel-Verlag, München 2010
Mann, Frido und Christine, Es werde Licht, Die Einheit von Geist und Ma-
    terie in der Quantenphystik, S. Fischer, 2017
Reschika, Richard, Und plötzlich ist Klarheit. Christliche Erleuchtungserleb-
    nisse von Paulus bis heute. Claudius Verlag, München 212, S.17
Schmidt, K.O, Meister Eckeharts Weg zum kosmischen Bewusstsein. Ein
    Brevier praktischer Mystik. Drei Eichen Verlag. Engelberg/Schweiz und
    München 1969, S. 100

Brückner, Christine, Wenn du geredet hättest, Desdemona. Ungehaltene Reden ungehaltener Frauen. Hamburg 2012, Hoffmann und Campe
http://wolf-kroetke.de/theologiegeschichte-des-20-jahrhunderts/ansicht/eintrag/169.html
https://www.bibelwissenschaft.de/wirelex/das-wissenschaftlich-religionspaedagogische-lexikon/lexikon/sachwort/anzeigen/details/dogmatik/ch/0131e57c8ae4ffa9f952542e49c5a9af/
Jung, Carl Gustav: Briefe II 1946-1955, Walter-Verlag, Olten und Freiburg 1972, S. 211
James, William: Die Vielfalt religiöser Erfahrung, Verlag der Weltreligionen im Insel Verlag, 2014
Rahner, Karl, Schriften zur Theologie, Bd. VII. Benziger Verlag, Einsiedeln Zürich/ Köln 1961, S. 11-31, 22

Kapitel 3

Origenes, Peri Archon, Darmstadt 1976

Kapitel 4

Origenes, a.a..O.

Kapitel 5

Mohr, Till A., Kehret zurück ihr Menschenkinder, Grafing 2004
Stolp, Hans, Die ersten drei Tage im Jenseits, Grafing 2017
Stevenson, Iana, Reinkarnationsbeweise, Grafing 2011

Kapitel 6

Drewermann, Eugen, Kleriker, Olten 1989
Michel, Peter, Karma und Gnade, Grafing 1988

Kapitel 7

Imhof, Beat, Wie auf Erden so im Himmel, Grafing 2018

Kapitel 8

Schmidt, K.O, Meister Eckeharts Weg zum kosmischen Bewusstsein. Ein Brevier praktischer Mystik. Drei Eichen Verlag. Engelberg/Schweiz u. München 1969, S. 100
Brückner, Christiana, Wenn du geredet hättest, Desdemona. Ungehaltene Reden ungehaltener Frauen. Hoffmann und Campe, Hamburg 2012

http://wolf-kroetke.de/theologiegeschichte-des-20-jahrhunderts/ansicht/ein-trag/169.html

https://www.bibelwissenschaft.de/wirelex/das-wissenschaftlich-religionspae-dagogische-lexikon/lexikon/sachwort/anzeigen/details/dogmatik/ch/0131 e57c8ae4ffa9f952542e49c5a9af/

Jung, Carl Gustav: Briefe II 1946-1955, Walter-Verlag, Olten und Freiburg 1972, S. 211

Rahner, Karl, Schriften zur Theologie, Bd. VII. Benziger Verlag, Einsiedeln Zürich/ Köln 1961, S. 11-31, 22

Kapitel 9

Fromm, Erich, Die Furcht vor der Freiheit, dtv, 2009

Bonhoeffer, Dietrich, Von guten Mächten wunderbar geborgen, Gütersloher Verlagshaus, Gütersloh 2007, 7. Auflage, S. 82

Schultz, Hans Jürgen: Umkehr zum Leben, Dietrich Bonhoeffer, Briefe aus der Haft in neuer Sicht. Patmos Verlag, Düsseldorf 2000. S. 72, S. 75, S. 166

Rutishauser, Christian: Aufmerksamkeit, Gehorsam und Freiheit

Für eine spirituelle Leitungskultur in der Kirche (161-170)

file:///Users/md760/Downloads/80_2007_3_161_170_Rutishauser_0.pdf

von Loyola, Ignatius, Geistliche Übungen. Echter Verlag, Würzburg 2011, 2. Auflage

Norman, Edward, Geschichte der Katholischen Kirche von den Anfängen bis heute, Wbg Theiss, Darmstadt 2007

https://mk-online.de/meldung/abt-johannes-eckert-ueber-starke-frauen-im-markus-evangelium.html

Kapitel 10

Cannato, Judy, Im Anfang war das Feld, Amerang 2015

Dossey, Larry, One Mind, Grafing 2015

TEIL III

Emerich, Susanna (Hsg.) Hätte ich nicht eine innere Kraft, Leben und Zeugnis des Carl Lampert, Tyrolia Verlag, Innsbruck 2015

Newhouse, Flower A., Christus-Bewusstsein und der Weg in die Stille, Aquamarin Verlag, Grafing 2009, S. 28

Jung, Carl Gustav, Zur Psychologie westlicher und östlicher Religion, Band II. Walter Verlag, Olten 1971, S. 116

Talbot, John Michael, The Way of the Mystics, Jossey-Bass, San Francisco 2005

Chinmoy, Sri, Veden, Upanishaden, Bhagavadgita, Diederichs Gelbe Reihe, München 1996

Porete, Marguerite, Der Spiegel der einfachen Seelen. Mystik der Freiheit, Marix Verlag Wiesbaden, 1. Auflage 2011

Rilke, Rainer Maria, Das Stunden-Buch, Hg. Gotthard Fermor. Gütersloher Verlagshaus 2014, S. 59

Röcker, Anna, Meditation für Alle, Mankau Verlag, 2015

Malka, Victor: Sterne der Weisheit, Perlen jüdischer Mystik, Herder Spektrum, Freiburg 2007

Barth, Karl: Wolfgang Amadeus Mozart, Theologischer Verlag Zürich, 15. Auflage 2006

Caspers, Claus: Mysterium Musik, Öhringen 1991, S. 31

Bernstein, Leonard: Worte wie Musik. Hg. Harald Schützeichel. Herder, Freiburg/Basel/Wien 1997, Dritte Auflage, S. 45

Röcker, Anna: CD Christliche Meditationen, Via Nova Verlag, Petersberg 2017

Anderson, Gilbert, There must be a reason. The Book Guild Ltd, Sussex, 1993

**Welelsley Tudor Pole
Jesus von Nazareth und
das esoterische Christentum**

Die Lebenserinnerungen des großen
englischen Eingeweihten, die sich von
der Zeit des Jesus von Nazareth bis in
die Gegenwart erstrecken. Bewegende
Erlebnisse aus dem Leben eines Mannes, der stets Bürger zweier Welten war
– der irdischen und der geistigen.
Anhand der Erfahrungen von W. Tu-
dor-Pole erkennt der Leser, mit welcher
unfassbaren Weisheit höhere Wesen
über den Lebenswegen der Erdenmen-
schen wachen.
978-3-89427-259-3

**Flower A. Newhouse
Das Weihnachtsmysterium**

Eine wunderbare Darstellung der
Durchdringung von geistiger und materieller Welt während der Weihnachtszeit. Nach der Lektüre diese Buches
werden Sie das Weihnachtsfest mit
neuer geistiger Tiefe erleben.
978-3-922936-02-2

Christliche Mystik

Flower A. Newhouse
Der Weg der Göttlichen Liebe

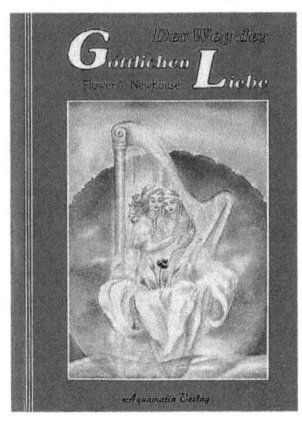

Dieses Werk rückt die praktische Lebensführung auf dem mystischen Pfad in der Mittelpunkt. Die Funktionsweise der einzelnen Wesensglieder des Menschen wird detailliert erläutert, die Wirkung auf den physischen Körper umfassend analysiert und der Einfluss der Kundalini auf die Chakras aufgezeigt.

Die Autorin enthüllt das wunderbare Wirken der Engelwelt und ihren Einfluss auf das Leben der Menschen. Zudem lässt sie den Leser erahnen, welche Unterstützung ihm von denjenigen Wesen zuteil wird, die ihm auf dem Weg der menschlichen Evolution bereits vorangeschritten sind.

978-3922936-43-5

Peter Michel
Karma und Gnade

Ist die Karma-Lehre lieblos? Ist die Gnaden-Lehre ungerecht? Diese zwei großen Lebens fragen beschäftigen seit einigen Jahren immer mehr Menschen. Die vorliegende Arbeit von Peter Michel versucht, neben einer gründlichen Analyse der historischen und empirischen Fakten, eine Verbindung zwischen den nur scheinbar unvereinbaren Weltanschauungen herzustellen.

978-89427-188-6

Christliche Mystik

Johannes Clauser
Pater Pio
Auf den Spuren der Demut
Seit den Tagen des Franz von Assisi hat kein
Mensch so intensiv in der Nachfolge Christi
gelebt wie der bescheidene Kapuzinermönch
aus Pietrelcina.

Diese Biographie enthüllt eine spirituelle
Tiefe Pater Pios, die in dem inzwischen um
ihn entstandenen Kult verloren zu gehen
droht. Sie zeigt, welche außergewöhnlichen
geistigen Kräfte er gerade als Heiler besaß,
als Heiler für Körper und Seele!

Ein Leben der Liebe und Demut, das wie ein
Licht auf dem Pfad jedes suchenden Menschen leuchtet!
978-3-86191-045-9

Johannes Clausner
Das Herzensgebet
In den uralten spirituellen Überlieferungen
der ostkirchlichen Tradition, mit dem heiligen Berg Athos als ihrem Zentrum, liegen
wundervolle geistige Schätze verborgen. In
dieser geistigen Welt standen immer Hingabe und Liebe im Vordergrund, während die
rationale Theologie in den Hintergrund trat.
Von daher kann es nicht verwundern, dass
in diesem Umfeld das „Herzensgebet" geboren wurde. Johannes Clausner beschreibt
in seinem Seelenführer die Wurzeln, die
geschichtliche Überlieferung und die Praxis

des Herzensgebetes. Dabei steht immer der
Zugang zur eigenen Innerlichkeit im Zentrum der Darlegungen.

Das Herzensgebet ist ein einzigartiger Weg in die Tiefen der eigenen Seele,
das sich zudem wunderbar mit anderen Übungswegen verbinden lässt. Es
erweitert das eigene Innenleben und erschließt neue Quellen der Lebenskraft!
978-3-86191-064-0